금강경

금강석같이 빛나는 지혜의 길

청소년 철학창고 42
금강경 금강석같이 빛나는 지혜의 길

초판 인쇄 2022년 12월 5일 | 초판 발행 2022년 12월 19일

풀어쓴이 정은주
펴낸이 홍석 | 기획 채희석 | 이사 홍성우
인문편집팀장 박월 | 책임편집 박유진 | 편집 박주혜
표지 디자인 황종환 | 본문 디자인 서은경
마케팅 이송희·한유리·이민재 | 관리 최우리·김정선·정원경·홍보람·조영행·김지혜
펴낸곳 도서출판 풀빛 | 등록 1979년 3월 6일 제2021-000055호
주소 07547 서울시 강서구 양천로 583, 우림블루나인비즈니스센터 A동 21층 2110호
전화 02-363-5995(영업), 02-364-0844(편집) | 팩스 070-4275-0445
홈페이지 www.pulbit.co.kr | 전자우편 inmun@pulbit.co.kr

ISBN 979-11-6172-855-1 44150
ISBN 978-89-7474-526-4 (세트)

금강경

금강석같이 빛나는 지혜의 길

정은주 풀어씀

'청소년 철학창고'를 펴내며

우리 청소년이 읽을 만한 좋은 책은 없을까? 많은 분들이 이런 고민을 하셨을 겁니다. 그러면서 흔히들 고전을 읽어야 한다고 합니다. 하지만 서점에 가서 책을 골라 보신 분들은 느꼈을 겁니다. '청소년의 지적 수준에 맞춰서 읽힐 만한 고전이 이렇게도 없는가.'라고.

고전 선택의 또 다른 어려움은 고전의 범위가 매우 넓다는 것입니다. 청소년 시기에는 시간과 능력의 한계 때문에 그 많은 고전들을 모두 읽을 수 없습니다. 그렇다면 어떤 책을 읽어야 할까요?

이런 여러 현실적인 어려움을 고려해 기획한 것이 풀빛 '청소년 철학창고'입니다. '청소년 철학창고'는 고전의 핵심이라 할 수 있는 '철학'에 더 많은 무게를 실었습니다. 그 이유는 무엇일까요?

사람들은 일반적으로 철학을 현실과 동떨어진 공리공담이나 펼치는 학문이라고 생각합니다. 하지만 철학적 사고의 핵심은 사물과 현상을 다양하게 분석하고 종합해서 그 원칙이나 원리를 찾아내는 것입니다. 그래서 철학은 인간과 세상에 대해 깊이 있게 생각하고, 논리적으로 종합하는 능력을 키워 줍니다. 그런 만큼 세상과 인간에 대해 눈떠 가는 청소년 시기에 정말로 필요한 공부입니다.

하지만 모든 고전이 그렇듯이 철학 고전 또한 읽기가 쉽지 않습니다. 그래서 '청소년 철학창고'는 청소년의 눈높이에 맞추기 위해 선정에서부터 원문 구성에 이르기까지 많은 노력을 기울였습니다.

첫째, 책을 선정하는 과정에서부터 엄격함을 유지했습니다. 동양·서양·한국 철학 전공자들이 많은 회의 과정을 거쳐, 각 시대마다 동서양과 한국을 대표하는 철학 고전들을 엄선했습니다. 특히 우리 선조들의 사상과 동시대 동서양의 사상들을 주체적인 입장에서 비교하고 검토할 수 있도록 했습니다.

둘째, 고전 읽기의 참다운 맛을 살리기 위해 최대한 원문을 중심으로 구성했습니다. 물론 원문 읽기의 어려움을 해결하기 위해 새롭게 번역하고 재정리했습니다. 그리고 청소년이라면 누구나 어렵지 않게 읽으면서 고전이 주는 의미와 내용을 이해할 수 있도록 설명을 덧붙였고, 전체 해설을 통해 저자의 사상과 전체 내용을 다시 한번 정리해 주었습니다.

마지막으로 쉬운 것부터 읽기 시작해 점차 사고의 폭을 넓혀 가도록 난이도에 따라 세 단계로 구분했습니다. 물론 단계와 상관없이 읽고 싶은 순서대로 읽어도 됩니다.

우리 선정위원들은 고전 읽기의 진정한 의미가 '옛것을 되살려 오늘을 새롭게 한다(溫故知新).'는 데 있다고 생각합니다. '청소년 철학창고'를 통해 자라나는 청소년들이 인간과 사물에 대한 깊은 통찰력을 키워, 밝은 미래를 열어 나갈 수 있기를 진정으로 바랍니다.

2005년 2월

선정위원   허우성(경희대 교수, 동양 철학)   윤찬원(인천대 교수, 동양 철학)
정영근(서울산업대 교수, 한국 철학)   허남진(서울대 교수, 한국 철학)
이남인(서울대 교수, 서양 철학)   한자경(이화여대 교수, 서양 철학)

금강석(다이아몬드)은 세상에서 가장 강하고 빛나는 보석이다. 금강석 외에 다른 어떤 것으로도 금강석을 깰 수 없다. 불이나 물에 넣어도 단단함에 손상이 없고 단단한 옥마저 싹둑 베어 버리는 예리함을 지니고 있다.

불교의 경전《금강경》의 영어 번역은《다이아몬드경(Diamond Sutra)》이다. 왜 경전의 이름을 금강석 즉 다이아몬드에 빗대었을까. 깨달음에 도달하는 반야지혜는 가히 금강석과 같아서 세상 그 무엇도 대적할 수 없기 때문이다. 중생의 욕심과 번뇌와 어리석음이 아무리 강하고 질기다 해도 금강석 같은 반야의 지혜로 단박에 끊어 낼 수 있다는 의미다.

20여 년 전 필자가 불교에 처음 입문하면서 제일 먼저 만난 것이《금강경》이었다. 자연스레 손에 쥐인《금강경》을 뜻도 모른 채 한 자씩 천천히 읽었다. 그런데 이해가 안 되는 부분이 너무 많았다. 금강경을 마무리하는 게송 "모든 유위법은 꿈이요, 환영이며, 물거품이다."라는 구절에 이르러서는, 모든 것을 합리나 과학이라는 이름으로 이해하던 내 사고로는 전혀 이해할 수 없었다.

사실 우리는 모두 '함(doing)'이 있는 유위법(有爲法)의 세계에 살고 있다. 손을 뻗어 만지면 잡히고 보이고 들리는 너무도 분명한 세계를 꿈이고 환영이라니? 어찌 보면 인생이 허망한 구석도 있으니 아마도 비유로 말했나 보다라고 생각했다. 지금 생각하면 엿장수 마음대로 해석했던 시절이 우습기도 하다.

그 밖에도 불법(佛法)은 '법도 아니고 법 아닌 것도 아니다.'라고 하니 도대체 무슨 말인가? 항상 말에 걸리는 보통 사람들에게 금강경의 '말을 넘어서는 말'은 솔직히 어렵다. '이것은 단지 그렇다고 이름 붙인 것이다.'라는 '즉비(卽非)…시명(是名)'이니 '4상(相), 단멸상' 등 어느 하나 이해하기가 쉽지 않다.

사실 모든 종교나 성인의 경전이 그러하듯 실천 수행이 동반되지 않으면 죽은 가르침이다. 세월이 쌓이면서 《금강경》에 대한 이해도 점점 늘었지만 경전이 말하는 진정한 실천행에 대해서는 스스로 항상 자신이 없었다. 그래서 '상(相)이 없는 무주상 보시(無住相布施)'의 가르침을 가장 기억하려고 했다. '상(相)'은 다른 말로 하자면 편견, 고정관념, 착각, 망상이니 우리 같은 중생에게 참으로 심각한 병이다. 특히 '나'라는 사고에 걸리지 않는 중생이 없으니 내가 있다는 생각(아상)은 가장 큰 병이다. 그러니 《금강경》만 한 치료약도 달리 없을 것이다.

부처님은 "나는 인간의 몸으로 태어났고, 인간으로 성장했으며, 인간으로서 붓다를 이루었다."라고 했다. 그러므로 인간 세계는 상병에 걸리기도 쉽지만, 상병을 치유하고 스스로 깨달음을 이루기에도 좋은 곳이다.

그래서 '상에 걸린 중생'과 '상을 벗어난 부처' 사이에서 양쪽을 이어 주는 보살의 수행은 더욱 소중하다. 육바라밀을 수행하는 대승 보살의 거룩한 공덕으로 인간 세계는 진흙탕 속에서도 연꽃을 피워낼 수 있다. 《금강경》을 혼자서 독송하는 데 그치지 않고, 그 뜻을 이웃과 나누면서 괴로운 인간 세계를 연꽃 향기 가득한 아름다운 세상으로 바꾸려는 보살행은 참으로 아름답다. 《금강경》을 독송하면서 우주 만물의 본모습을 있는 그대로 보는 깨달음의 세상으로 한걸음 더 나아가자.

2022년 12월
정은주

| 일러두기 |

1. 원래 《금강경》은 보통 32분으로 나누고 있지만 본서에서는 32장으로 표기했다.
2. 《우리말 금강경》(송광사 간행)과 《금강경 강의》(남회근 저)를 중심으로 번역과 해석을 했다.
3. 이해하기 어려운 불교의 개념어는 풀어 쓰거나 괄호를 통해 설명했다.
4. 원문은 가능하면 이해하기 쉽게 풀어 쓰거나 의역했다.

1

법회인유분 法會因由分
(법회가 시작되다)

이와 같이 나는 들었다. 어느 때에 부처님께서 사위성의 기수급 고독원에서 훌륭한 비구 스님들 천이백오십 명과 함께 계셨다. 그 때 공양하실 시간이 되어 가사를 입고 발우를 들고 사위성으로 들어 가시어 차례로 탁발(걸식)을 하고 다시 본래 자리로 돌아오셨다. 공 양을 드신 후 가사와 발우를 거두시고 발을 씻으신 다음 자리를 펴고 앉으셨다.

《팔만대장경》으로 불리는 팔만여 자의 방대한 불교 경전 가운데 《금강경》이나 《아함경》, 《반야심경》 등등은 석가모니불이 살아 계실 때 정리하고 기록된 것이 아니다. 부처님의 가르침은 입에서 입으로 구전되어 오다가 부처님 사후 제자들에 의해 몇 차례에 걸쳐 그 내용을 서로 합의하는 결집(結集) 회의를 거쳐 만들어졌다. 그래서 모든 경전은 처음에 "이와 같이 나는 들었다."라는 말로 시작한다. 부처님에게서 들은 내용을 나중에 기억해서 정리한 것이라는 뜻이다.

《금강경》도 예외 없이 "이와 같이 나는 들었다."로 시작한다. 여기서 '나'는 부처님의 출가 전 사촌 동생인 아난존자다. 그는 부처님의 십대 제자 가운데서 "부처님 말씀을 가장 많이 들었다." 해서 다문제일(多聞第一)로 불린다. 아난존자는 뛰어난 기억력과 총명함으로 부처님이 생전에 설법하신 내용을 대부분 빠짐없이 암기했다고 한다. 부처님 생존 당시인 기원전 6~5세기에는 종이나 인쇄술이 발명되지 않았던 시절이라 책이나 문자를 통해 가르칠 수 없었다. 그래서 모든 설법이나 가르침은 입에서 입으로 전승되었고 들은 내용을 열심히 암기하고 서로 알려 주며 반복하는 과정이 수행이며 교육이었다.

열반을 앞두고 부처님은 자신을 그림자같이 따르며 평생 모시던 아난에게 당부했다. 경전을 기록한다면 시작할 때마다 "이와 같이 나는 들었다."라는 말을 붙이라고. 부처님이 생전에 하신 모든 말씀을 아난이 잘 듣고 기억해서 경전이 되었다는 사실을 공식적으로 밝힌 것이다.

부처님 열반 후 제자들은 위대한 가르침이 시간이 갈수록 점차 소실되거나 잊히는 위험을 막기 위해 경전을 결집하기 위한 회의를 수차례 소집했다. 제자들 가운데 가장 큰형님 격인 마하가섭이 그 내용을 모아서 검증하는 결집을 이끌었다. 오백여 명의 비구들이 모여서 아난이 생전 부처님의 설법을 외우면 아난의 기억이 맞는지를 같이 검증하고 모두 함께 외웠다.

또 계율을 가장 잘 지켰다는 우바리존자가 계율에 관한 설법을 외우면 또 비구들이 그 내용을 함께 확인하고 외웠다. 이런 과정을 반복하면서 인류의 큰 스승이신 석가모니불의 가르침은 일정한 체계로 정리되어 오늘날까지 팔만대장경으로 전해진 것이다.

아난은 부처님이 깨달음을 이룬 날 사촌 동생으로 태어났고 부처님을 동경해 어린 나이에 출가해 교단에 들어갔다. 제자가 된 이후부터 부처님이 돌아가실 때까지 항상 부처님을 따라다니며 모든 설법을 다 경청했다. 워낙 인물이 잘생기고 기억력과 총기가 뛰어나 여인들의 유혹이 많았다. 그 때문에 부처님은 늘 아난이 바른길에서 벗어날까 염려하셨다고 한다.

부처님 열반 후 제1차 결집 회의가 열렸을 때, 아난은 참여가 허락되지 않았다. 회의를 주도한 마하가섭은 교단의 가장 큰 어른으로서 아난이 탁월한 두뇌와 총명함에 비해 수행 측면에서는 아직 미흡하기 때문에 참여 자격을 주지 않았다. 그러자 아난은 쫓겨난 신세로서 홀로 뼈를 깎는 정진으로 깨달음을 이루었고 비로소 참여가 허락되었다고 한다.

이제 경전의 내용으로 들어가 보자. 1장에서는 부처님이 《금강경》

을 언제 어디서 설법했는지 시간적·공간적 배경을 알려 준다. 오전에 스님들이 음식을 드시는 공양 시간이 되었다. 스님들은 승가의 법을 상징하는 가사와 발우(승복과 밥그릇)를 갖추고 맨발로 기수급고원을 나섰다. 당시 인도 중부의 갠지스강 상류에는 강대국 코살라국이 있었고, 그 수도가 사위성이었다. 사위성 밖에는 기수급고독원이라는 수행처가 있었다. 이곳은 부처님께서 가장 오래 수행처로 이용하셨던 유명한 사원이다. 코살라국의 부유한 상인이던 수닷타 장자가 불교에 귀의한 뒤 부처님과 제자들을 이곳에 모시려고 만들었던 곳이다. 부처님 일행은 밥을 얻기 위해 사람들이 모여 사는 사위성 안으로 들어간 다음, 주민들에게서 한 집 한 집 차례로 일곱 집을 들러 탁발을 했다. 부처님 당시에는 하루 한 끼 먹는 일종식(一種食)이 원칙이었다. 하루에 한 번 오전에 식사하시고 오후에는 아무것도 먹지 않는 오후불식(午後不食)을 부처님과 제자들은 몸소 실천했다.

이렇게 탁발 후 본래 처소로 돌아와 자리를 펴고 앉아서 다 함께 음식을 드셨는데, 이 탁발과 관련해서 재미있는 일화가 있다.

탁발할 때 제자 중 한 명인 수보리는 가난한 사람들에게 폐를 끼치지 않으려고 부잣집만 골라서 밥을 빌었다. 반대로 제자들 가운데 가장 큰 형님 격인 마하가섭은 가난한 이들에게 복을 짓도록 하기 위해 일부러 가난한 집만 골라서 밥을 빌었다.

그러자 부처님은 둘 다 분별심이라고 나무라시며 빈부를 따지지 말고 차례대로 일곱 집을 돌아서 공양을 받게 했다. 이렇게 저렇게 따지고 취사하고 선택하는 마음은 수행자의 평등심과는 거리가 멀기 때문이다.

《금강경》은 이렇게 수행자들이 오전에 밥을 빌어와 자세를 가다듬고 평화롭게 공양을 드시는 장면으로 시작한다. 밥 먹는 일은 너무나 일상적이고 사소해 거룩한 성인들의 삶과는 거리가 멀어 보일지 모르지만, "밥 먹기보다 어려운 일은 없다."고 한다. 너무나 평범하고 일상적인 밥 먹기가 그 사람의 평소 마음가짐이나 행동, 인격 전체를 다 드러내기 때문이다. 맛에 탐닉하거나 번잡하게 잡담하는 사람들은 식사뿐 아니라 다른 면에도 매우 흐트러진 모습을 보일 가능성이 크다.

《금강경》의 시작점에 부처님과 보살들의 발우공양 모습이 나온 것은 밥 먹기, 잠자기 같은 아주 기본적인 일상이 바로 도(道)가 되어야 한다는 깊은 의미가 들어 있다. 진리는 놀라운 사건이나 비범한 능력을 통해 나타나는 것이 아니라 우리 스스로 진리의 담지자로서 평범한 일상을 얼마나 정신 차리고 성실하게 사느냐에 따라서 드러난다는 뜻이다.

보통 인도인들은 맨발로 다니므로 흙이 묻은 발을 씻는 것은 지극히 평범하고 자연스러운 모습이다. 발 씻기도 밥 먹기처럼 매일 하는 사소한 일이지만 한 생각도 흐트러지지 않는 수행자의 깨끗하고 반듯한 마음을 그대로 보여 준다.

우리나라 조계종에서는 여러 문제로 오늘날 승려의 걸식 전통을 금지하고 있다. 하지만 미얀마나 태국 같은 남방불교권에서는 여전히 스님들이 매일 탁발을 나가서 공양을 얻어 온다. 우리나라는 사찰들이 대부분 산속에 있지만, 인도나 동남아 불교 국가들에는 사찰이 시내에 있어서 스님들은 매일 시내를 돌며 밥을 빌어 온다. 스님들이 밥을 얻으러 오시기 전에는 신도들이 감히 밥솥 뚜껑도 열지 않는다고 할 만큼 탁발의식을 오늘날까지 소중히 지키고 있다.

어느 날 부처님이 탁발하러 나가셨을 때 밭에서 일하던 한 농부가 왜 부처님은 직접 일하지 않고 남들에게 밥을 빌어 드시냐고 물었다. 그때 부처님께서는 수행자들도 마음의 밭을 열심히 경작하고 있다고 대답하셨다. 탁발은 스님들이 생계 활동에 시달리지 않고 오직 마음의 밭을 일구는 수행에만 전념하도록 하며 수행자로서 늘 하심(下心, 마음 내려놓기)하도록 이끄는 불교식 전통이다. 동시에 신도들에게는 수행자에게 공양을 올리는 공덕을 쌓아 현생이든 다음 생이든 복덕을 누리도록 하려는 제도다.

이렇게 부처님과 제자들은 사위성의 성 밖 숲에 있는 기원정사에서 수행하고 성안으로 들어가 탁발했는데, 기원정사는 기타태자가 넓은 숲과 나무를 시주하고(기수) 그 자리에 '급고독'(고아 과부 노인 같은 고독한 약자들에게 나누어 준다는 뜻)을 자주 행하던 대부호 수닷타가 큰돈을 보시해서 지은 사원이므로 기수급고독원이라 했다.

기원정사에는 부처님과 수행을 잘하는 뛰어난 천이백오십 명의 제자들이 함께 지냈는데 이 가운데는 사리자, 목련존자, 가섭 형제처럼 이미 나름의 수백 명, 또는 수십 명의 제자를 거느린 경우도 꽤 있었다. 이들은 자신의 제자들과 함께 부처님의 설법에 감복해 한꺼번에 석가모니 부처님께 귀의한 경우가 많았다.

　이들이 모두 함께 모여 공양하고 수행하는 일상의 풍경을 보여 주는 경전이 바로《금강경》1장인데, 다른 경전에서는 찾아보기 어려운 장면이다. 남녀 차별, 계급 차별이 철저한 고대 신분 사회에서 부처님은 혁명적이라 할 만큼 차별 없는 평등한 모습을 보이고 있다. 카필라국의 왕자라는 고귀한 신분을 벗어던지고 밥을 먹고 그릇과 옷을 정리하고 더러워진 맨발을 씻고 반듯하게 앉아 있는 일상의 거룩한 모습을 자연스럽게 보여 준다. 공양이 끝나면 조용히 앉아서 고요한 선정에 들지만《금강경》2장부터는 제자 수보리가 수행에 관해 의문들을 제기하면 그에 부처님이 응답하며 서로 문답을 주고받는 장면이 이어진다.

2

선현기청분 善現起請分
(수보리가 부처님께 법을 청하다)

이때 장로 수보리가 대중 가운데 있다가 자리에서 일어나, 오른쪽 어깨를 드러내고 오른쪽 무릎을 땅에 댄 채 두 손을 모아 합장하며 공손하게 부처님께 여쭈었다.

"참으로 드물고 존귀하신 세존이시여! 여래께서는 여러 보살들을 잘 보호하고 가르치며 바르게 이끌어 주십니다. 세존이시여, 선남자(善男子) 선여인(善女人)이 가장 높고 바른 깨달음을 이루고자 한다면 어떻게 그 마음을 머무르며 어떻게 그 마음을 다스려야 합니까?"

부처님께서 말씀하셨다.

"훌륭하도다, 참으로 훌륭하도다. 수보리야, 그대가 말한 것처럼 여래는 모든 보살을 잘 보호하고 가르치며 임무에 충실하도록 격려한다. 이제 그대에게 말하노니 잘 듣도록 하여라. 가장 높고 바른 깨달음을 이루고자 마음을 낸 선남자 선여인은 마땅히 이같이 마음을 머무르고 이같이 마음을 다스려야 한다."

"알겠습니다. 세존이시여, 기쁜 마음으로 잘 듣겠습니다."

공양이 끝나자 부처님은 말없이 고요히 앉아 계시고 제자인 보살들은 모두 자리를 펴고 앉아서 경건하게 부처님의 설법을 기다리는 분위기다. 그때 수보리가 대중 가운데서 일어나 수행하면서 느끼는 여러 가지 어려운 점을 대중을 대표해 부처님께 여쭙는다. 오른쪽 어깨를 드러내고 오른쪽 무릎을 꿇고 합장하는 모습은 지극한 공경의 예를 나타내는 인도문화의 예절이다.

"희유(希有, 드물고 존귀한)하신 세존이시여! 바르게 정진하는 남녀 수행자들(선남자와 선여인)이 어떻게 수행하면 부처님과 같이 가장 높고 바른 깨달음에 도달할 수 있겠습니까?" 이런 질문이다. 부처님은 오랜 세월에 걸쳐 깊은 수행을 통해 깨달은 드문 선각자이므로 희유하신 부처님이라고 말했다. 다시 말해 수행자들이 '가장 높고 바른 깨달음(아뇩다라삼먁삼보리)'을 이루고자 한다면 어떻게 해야 하는지 물은 것이다. 이 질문이 금강경이라는 경전이 설해진 핵심 이유다. "부처님이시여, 과연 우리 제자들이 어떻게 수행해야 최고의 바른 깨달음을 이루겠나이까?"라는 수보리의 질문에 부처님이 답한 내용 전체가 바로 《금강경》이다.

'아뇩다라삼먁삼보리심'은 줄여서 '보리심'이라고 하는데 그 뜻은 '가장 높고 바른 깨달음(무상정등정각)'이다. 불법을 닦아서 스스로 부처가 되겠다는 마음, 즉 성불하겠다는 마음을 내는 것을 발보리심(發菩提心)이라 하는데, 이를 줄여서 발심(發心)이라 한다.

불교는 초월적인 절대 신을 믿지 않는다. 일체중생이 모두 본래 부처라고 보기 때문이다. 모든 생명체는 모두 부처님과 똑같은 불성을 지니고 있다. 단지 자신의 참된 불성을 깨닫지 못하고 무명(無明, 무지, 어리석음) 속에 살고 있기 때문에 중생이다.

중생은 번뇌와 망상으로 고통받는다. 한 생각, 한 호흡 사이에 오만 가지 번뇌가 들어 있다고 한다. 수보리는 '늘 요동치는 마음을 벗어나 어떻게 하면 부처님과 같은 밝고 고요한 마음에 이를 수 있는가'라고 보살 대중을 대표해 부처님께 질문했다. 다음 3장부터는 이 질문에 대한 부처님의 답이 전개될 것이다.

부처(붓다)란 '깨달은 자'를 의미한다. 다시 말해 번뇌와 고통에서 벗어나 '해탈의 경지에 이른 자'를 말한다. 부처가 어떤 특징이 있는지는 예불문(禮佛文)에 잘 나타나 있다. 아침저녁으로 사찰에서 예불을 올릴 때 독송하는 예불문은 5분향으로 시작하는데, 부처님의 다섯 가지 공덕을 향기에 비유하고 있다. 이 다섯 향기를 모두 갖추고 내뿜는 분이 부처님이며 그런 분을 예로써 공경하는 기도문이 예불문이다.

1. 계향(戒香, 바르게 계율을 지키는 향기)

2. 정향(定香, 고요한 선정(禪定)을 이룬 향기)

3. 혜향(慧香, 지혜롭게 사는 향기)

4. 해탈향(解脫香, 해탈의 경지에서 품는 향기)

5. 해탈지견향(解脫知見香, 자신의 해탈을 스스로 아는 향기)

　부처님의 공덕은 5분향으로 표현될 뿐만 아니라 무한한 공덕이 있기 때문에 부처님을 부르는 이름도 아주 많다. 그중 우리에게 잘 알려진 열 가지 호칭은 여래(如來) · 응공(應供) · 등정각(等正覺) · 명행족(明行足) · 선서(善逝) · 세간해(世間解) · 무상사(無上士) · 조어장부(調御丈夫) · 천인사(天人師) · 불세존(佛世尊) 등이다.

　《금강경》에는 석가모니 부처님을 여래, 또는 세존으로 부르고 있다. 《금강경》 29장에 보면 부처님은 '여래'의 뜻을 이렇게 설명했다. "오는 곳도 가는 곳도 없기 때문에 '여래(如來)'라고 한다." 여래는 오지도 가지도 않고, 높지도 낮지도 않고, 좋지도 나쁘지도 않은 상태를 말한다. 어떤 이분법적 기준에 매이지 않고 '항상 있는 그대로, 마음의 동요를 일으키지 않는다.'라는 여여부동(如如不動)의 상태를 의미하고 있다. 세존이란 세상에서 존귀한 분으로 만나기 쉽지 않은 희유하신 분이기에 우러르고 존경한다는 뜻이다.

　스스로 깨달음을 이루고서 또한 중생을 깨닫게 하는 분이 부처님이라면 보살은 그와 좀 다르다. 보살은 범어(산스크리트어) '보리살타'를 줄인 말로 여래가 되기 바로 전의 수행자들을 말한다. 이들은 여래에 버금가는 수행의 경지를 이루었지만, 자기완성이라고 할 성불을 우선으로 삼지 않고 세속으로 눈을 돌려 고해에서 헤매는 중생에 대한 한없는 자비심으로 그들을 구제하는 데 먼저 헌신한다. 이런 이들은 중생 구제라는 큰 수레를 이끌고 가기 때문에 대승 보살이라 불리며 보살도를 추구한다. 그래서 보살은 깨달은 부처와 깨닫지 못한 중생 가운데 있다고 해서 '깨달은 중생'이라고도 한다.

《능엄경》에는 "자신을 제도하기보다 먼저 다른 사람들을 제도하려는 마음을 내는 것은 보살의 발심이고, 스스로 원만히 깨닫고서 다른 사람들을 제도하는 것은 여래의 처세다."라고 나온다. 그래서 자비로운 관세음보살, 지혜로운 문수보살, 행동하는 보현보살, 지옥 중생을 구제하는 지장보살 등 여러 보살은 모두 거룩한 부처님의 모습이 아니라 속인의 모습으로 나타나서 육바라밀(六波羅密, 보시, 인욕, 지계, 정진, 선정, 지혜)을 펼친다. 어리석고 힘들게 살아가는 중생들을 교화하는 일에 헌신하는 존재가 바로 보살이다. 이렇게 거룩한 서원을 가지고 수행하는 보살들을 잘 보호하고 잘 가르침을 주어 바른길로 인도하는 스승이 부처님이기에 장로 수보리는 《금강경》에서 보살이 큰 깨달음에 이르기 위한 가르침을 청하고 있다.

장로는 덕이 높고 수행이 깊은 부처님의 제자를 말한다. 원래 불교

용어였지만 요즘에는 기독교에서 오히려 장로라는 말을 더 많이 쓴다. 수보리는 부처님께 기원정사를 지어서 바친 수닷타 장자의 조카였다. 출가 전에는 부처님의 가르침을 불신하다가 출가 후 지극한 수행으로 부처님의 설법을 듣고 깨달음을 이루었다. 공(空) 사상을 누구보다 잘 이해해서 '해공제일(解空第一)'이라 불린 인물이다.《금강경》에서는 나이도 있고 덕도 높은 제자로서 수많은 제자를 대표해 부처님께 질의응답을 벌이고 있다.

질문의 핵심은 부처님과 같은 가장 높고 바른 깨달음을 얻고자 마음을 일으킨 사람들은 남녀를 막론하고 어떻게 마음을 닦아야 하는가였다. 부처님께서 이제부터 자세히 말할 테니 간절한 마음으로 잘 들으라고 하자 수보리는 진심으로 경청하는 모습이다.

3

대승정종분 大乘正宗分
(대승의 바르고 큰 뜻을 밝히다)

부처님께서 수보리에게 말씀하셨다.

"모든 보살마하살(마하는 크다는 뜻으로 대보살을 일컫는 말)은 마땅히 이같이 마음을 다스려야 한다. '존재하는 모든 중생들, 다시 말해 알에서 태어난 것, 태에서 태어난 것, 습기에서 태어난 것, 변화하여 생긴 것, 모양이 있는 것, 모양이 없는 것, 생각이 있는 것, 생각이 없는 것, 생각이 있는 것도 아니고 없는 것도 아닌 이런 모든 중생을 번뇌가 없는 완전한 열반에 들게 하여 제도하겠다는 마음을 내야 하느니라. 그러나 이렇게 헤아릴 수 없이 많은 중생을 열반에 들게 했다 해도, 실제로 제도한 중생은 하나도 없다.'

왜냐하면 수보리야, 보살에게 '나'라는 상(相, 생각이나 관념), '남'이라는 상, '중생'이라는 상, '수명'에 대한 상이 있다면 참된 보살이라 할 수 없기 때문이니라."

모든 불교 경전은 서분(序分), 정종분(正宗分), 유통분(流通分) 이렇게
세 부분으로 나뉜다. "이와 같이 나는 들었다."로 시작되는 서분은 일
반적인 머리말이다. 앞의 1장에서 법회가 시작되는 광경이 바로 서분
이다. 2장부터 본격적으로 부처님과 제자의 문답이 시작되며 3장부터
정종분이 시작된다. 그래서 3장의 제목이 대승에 관해 큰 뜻을 밝혔다
는 의미에서 대승정종분이다. 사실《금강경》3, 4, 5상은《남상경》선
체로 보면 서두에 해당되지만 핵심이 여기에 이미 다 제시되어 있기 때
문에 5장까지 모두 정종분이라고 할 수 있다. 유통분은 경전의 결론이
제시된 부분을 뜻한다.

3장에서 부처님은 우주에 사는 모든 중생을 아홉 가지 종류로 나누
어 설명한다. 중생이란 인간뿐 아니라 생명이 있는 모든 존재들인데
그중 태(胎), 란(卵), 습(濕), 화(化) 네 종류의 생명체가 중생계에서 가장
큰 비중을 차지한다.

태생(胎生)은 포유류처럼 어미의 태반에서 생기는 생명이고, 난생
(卵生)은 알에서 태어나는 종들이며, 습생(濕生)은 습지에서 나는 생명
이고, 화생(化生)은 갑자기 변화하여 생기는 생명이다. 화생은 어떻게
태어나는지 일반적으로 잘 떠오르지 않는데, 하늘에 태어나는 천신이
나 세상을 정처 없이 떠도는 귀신이나 지옥에 떨어지는 중생 같은 경

우가 모두 화생이다. 인간이 죽어서 천상이나 지옥에 떨어질 때는 갑자기 변화하기 때문에 대표적인 화생이고 죽어서 귀신이 되는 것도 화생이다. 고구려의 주몽이나 신라의 박혁거세, 김알지 같은 역사적 인물들은 설화에 따르면 알이나 궤짝에서 나왔다고 하므로 변화해서 태어난 화생이다.

또한 형상이 있고 없고에 따라 유색(有色)과 무색(無色)으로 나뉘는데, 유색은 눈에 보이는 모양이 있는 중생, 무색은 보이는 모양이 없는 중생이다. 그리고 유상(有想)은 생각과 감각을 지닌 것이고 생각도 감각도 없는 것은 무상(無想)이다. 비유상 비무상(非有想 非無想)은 생각이 있다고도 없다고도 할 수 없는 상태의 중생이다.

이렇게 모든 중생을 아홉 가지 형태로 분류하지만 어떤 중생이든 한 가지 모습으로만 존재하는 것은 아니다. 예를 들면 귀신은 어떤 모습으로 있다가 홀연 사라진 존재이기에 화생이며 모양이 없기에 무색이지만 생각은 있기에 유상이다. 어떤 면에서 사람은 아홉 가지 모습을 다 갖춘 중생이라고도 볼 수 있다. 모태에서 났으니 태생, 정자와 난자가 만났으니 난생, 양수에서 자랐으니 습생, 음식을 먹고 몸이 커졌으니 화생, 신체가 있으니 유색, 보이지 않는 영혼이 있으니 무색, 생각이 있으니 유상, 멍하니 아무 생각이 없을 때는 무상, 또 수행이 높은 사람은 며칠씩 오랜 삼매에 들어가 있으니 비유상 비무상이라 할 수 있다. 부처님은 이 모든 아홉 부류의 중생들이 '번뇌가 조금도 남지 않는 완전한 열반'에 들도록 구제하겠다는 발원(發願, 원을 세움)을 하라고 가르친다.

열반은 두 가지 뜻으로 쓰인다. 훌륭한 수행자가 돌아가시면 열반하셨다고 말하듯이 수행자의 죽음을 열반이라고 한다. 하지만 본래 '열반'의 뜻은 살아 있을 때 깨달음을 얻은 것을 의미한다. 인도 범어로 '니르바나(Nirvana)'는 한자어로 열반(涅槃), 적정(寂靜), 해탈(解脫)로 번역된다. 깨달음을 통해 일체의 번뇌와 고통의 불을 완전히 꺼 버리고 지극히 맑고 고요한 최고의 반야(지혜)의 경지에 도달함을 말한다.

불교 가르침의 핵심은 삼법인(三法印), 즉 제행무상(諸行無常), 제법무아(諸法無我), 그리고 열반적정(涅槃寂靜)이다. 그 뜻은 세상의 모든 것은 고정된 실체가 없이 항상 변하며(제행무상), '나'라고 할 어떤 고정된 존재가 따로 없고(제법무아), 이를 깊이 깨달아 완전한 해탈의 경지에 이른다(열반적정)는 것이다.

그런데 열반은 번뇌가 '아직도 남아 있는 열반(유여의열반, 有餘依涅槃)'과 '조금도 남지 않은 완전한 열반(무여의열반, 無餘依涅槃)'으로 구분한다. 부처님은 수보리의 질문에 후자에 해당하는 완전한 열반에 이르도록 중생 제도를 다짐해야 한다고 했다.

열반은 깨달음을 통해 아무런 번뇌나 고통 없이 언제 어디서나 지극히 편안하고 고요한 행복에 도달하는 것이다. 그래서 이고득락(離苦得樂, 고통을 벗어나 즐거운 경지에 도달하는 것), 상락아정(常樂我淨, 항상 즐겁고 참된 자아가 확립되어 청정한 상태)이라고 그 경지를 표현한다. 일반적으로 깨달았다고 하지만 여러 생에 걸쳐서 생긴 습관은 하루아침에 제거되지 않는다. 이 때문에 아라한(阿羅漢, 수행 끝에 번뇌가 소멸되어 더 이상 윤회하지 않는 경지에 도달한 사람)도 아직 (굳어진 습관이) '남아 있는 유여의 열반'에 도달한 경우라, 열반 후에도 계속 수행이 필요하다고 말한다.

반면에 부처님의 깨달음은 어떤 번뇌나 고통도 사라진 완전한 무여의 열반이다. 이런 철저한 해탈의 경지에 도달해야 일체중생이 모두 성불하도록 제도할 능력이 생기며 그렇게 염원을 세우라고 부처님도 가르치고 있다. 부처가 된 이유가 나 혼자 자유롭고 행복하고자 한 것이 아니며 일체중생을 제도하기 위한 것이기에 수행자의 궁극적인 발원은 '자타일시성불도' 즉 자신과 일체중생이 함께 성불하는 것이다.

그러나 부처님의 경지는 최고의 자연스러움이다. 수없이 많은 중생을 도와 열반으로 이끌었지만, 마음속에는 내가 했다는 공로심이나 자만심이 눈곱만큼도 없다. 자신이 중생을 구제했다는 생각이 드는 순간, '나'와 '너'라는 분별이 일어나고 아상(我相, 나라는 관념)이 생기면 그 순간 이미 부처일 수가 없다. 부처님은 교화하되 교화했다는 상이 없고 수많은 중생을 구제해도 구제했다는 마음이 전혀 없다. 누구나 스스로 해탈할 뿐 교화받고 제도해야 할 중생이 따로 있다고 생각하지 않는다. 그렇게 생각하는 순간 이미 그르친다.

이제부터 《금강경》에서 자주 반복해서 나오는 네 가지 상(相)에 대해 알아보기로 하자. 네 가지 상이 무엇인지 그 해석은 학자들에 따라 의견이 분분하고 여전히 딱 하나의 정의를 내리기 어려운 개념이다.

상(相)이란 원래 어떤 존재의 모습이나 특징적인 이미지를 말한다. 한자어로 풀면 나무 목(木)과 눈 목(目)자를 합해서 상(相)이 되는데, 나무하러 가서 눈으로만 대충 보고 나무를 고른다는 느낌을 이른다. 나무를 볼 때 겉으로만 보고 나무는 이런 거야 하고 생각한다는 말이다. 깨닫지 못한 중생들은 각자 눈에 보이는 대로 보고 생각하고 그 이미지를 기준으로 살게 된다. 이렇게 내 눈과 내 생각으로 세상을 판단하고 해석할 때 작동하는 네 가지 관념이 사상(四相)이다.

중생 세계가 다툼과 고뇌가 끊이지 않는 이유는 바로 각자가 만든 사상(四相) 때문이다. 사상은 인간의 자의식으로 만든 네 가지 관념으로 '아상(我相), 인상(人相), 중생상(衆生相), 수자상(壽者相)'을 말한다. 모두가 다 편견과 선입견으로 만들어진 주관적인 생각들이며 사물과 인간에 대한 실재하는 모습이 아니다.

아상은 '나'라는 존재가 따로 있다는 생각, 인상은 나 이외의 다른 사람들이 따로 있다는 생각, 중생상은 유정물(有情物, 생명체)이 따로 있다는 생각, 수자상은 수명을 지속하는 뭔가가 있다는 생각이다.

인도 범어의 해석에 따르면 아상은 영원한 나(아트만)가 있다는 생각, 인상은 윤회하는 어떤 주체가 있다는 생각, 중생상은 자신이 살아있는 생명 곧 중생이라는 생각, 수자상은 죽지 않는 영혼이나 영생이 있다는 생각이라고 한다. 이런 사상에 대해서 육조 혜능 스님의 해석은 좀 더 우리에게 쉽게 다가온다.

'아상은 재물, 학식, 지위 같은 내가 가진 것을 믿고 남을 업신여기는 생각이며, 인상은 예의나 도덕 같은 규범을 잘 안 지키는 사람들을 경멸하는 생각이며, 중생상은 좋은 일은 자기가 잘한 덕분이고 나쁜 일은 남이 잘못한 때문이라는 생각이며, 수자상은 오래 살고 누리기 위해 자신에게 유리한 것은 취하고 불리한 것은 버리는 생각'이라고 했다. '이런 사상에 빠져 머물면 중생이고, 사상을 벗어나려고 노력하면 수행자다. 그러므로 사상을 벗어난 경지가 바로 부처님'이라고 말씀하셨다.

부처님은 아무리 많은 중생을 구제했다 하더라도 조금도 '내'가 구제했다는 상이 없어야 한다라고 말한다. 기독교에는 "오른손이 한 일을 왼손이 모르게 하라."라는 경구가 있지만, 불교에서는 "오른손이 한 일을 오른손도 모르게 하라."라고 가르친다. 스스로 공로나 업적을 의식하면 아상이 생겨 잘난 마음이 생기고, 정도(正道)를 벗어난다. 바른 도는 마땅히 해야 할 도리를 했을 뿐 조금도 그것을 의식하지 않으며 아무런 흔적도 남기지 않는다.

4

묘행무주분 妙行無住分
(참된 수행은 어디에도 머무름이 없다)

"그리고 수보리야, 보살은 마땅히 어떤 법(法)에도 머물지 않고 집착 없이 보시해야 한다.

모양에 머물지 않고 보시하며 소리, 냄새, 맛, 촉감, 법에 머물지 않고 집착하지 않고 보시해야 하느니라.

수보리야, 이같이 어떤 상(相)에도 걸리지 않고 보시해야 한다. 왜냐하면 어디에도 매이지 않는 보시의 복덕은 참으로 헤아릴 수 없이 크기 때문이다.

수보리야, 어떻게 생각하느냐? 동쪽 허공의 크기를 과연 헤아릴 수 있겠느냐?"

"헤아릴 수 없습니다, 세존이시여."

"그러면 남쪽 서쪽 북쪽 허공과 그 사이와 아래위에 있는 허공이 얼마나 광대한지 그 크기를 과연 헤아릴 수 있겠느냐?"

"헤아릴 수 없습니다, 세존이시여."

"수보리야, 보살이 어디에도 머물지 않고 보시하는 복덕도 이와 같아 그 크기를 헤아릴 수 없느니라. 수보리야, 보살은 반드시 이와 같은 가르침에 따라 수행해야 한다."

3장에서 보살(수행자)은 사상(四相)을 짓지 말아야 한다고 부처님께서 가르쳤는데, 여기 4장에서는 상도 없고 머무름도 없는 보시를 해야 한다며 무주상(無住相) 보시를 말씀하셨다.

무부상 보시는 자기에게나 타인에게나 조금도 티 나지 않는 자연스러운 베풂이다. 베풀고도 베풀었다는 생각이 조금도 없다. 이만큼 베풀었으니 그만큼 보답을 받겠다거나 자랑하고 내세우려는 마음이 눈곱만큼도 없이 오직 필요한 곳이 있으면 그냥 주는 것이다.

누구나 나눔이 얼마나 좋은 일인지 알지만 내가 베풀었다는 사실을 의식하고 거기에 머물러 우쭐대는 마음이 생기기 쉽다. 순수한 나눔의 기쁨만으로 보시하기란 쉽지 않은 일이다. 게다가 보시를 하고 싶어도 물질적 여유가 없어서 할 수 없다고 말하는 사람들도 많다. 보시는 물질로 도와주는 것이라 여기고 멀리하거나 물질로써 보시하고 생색을 내는 마음이 드는 건 인지상정이다.

그런데 물질적 보시도 중요하지만 정신적 보시만큼 공덕이 크지 않다. 《금강경》에서 줄곧 강조하는 것은 아무리 어마어마한 물질로 보시한다 해도 《금강경》의 작은 게송 하나라도 사람들에게 들려주고 그 내용을 알려 주는 법보시(부처님의 계율이나 가르침을 전함)의 공덕이 훨씬 크다는 것이다.

보통 보시는 재보시(물질을 나눔), 법보시(가르침을 나눔), 무외시(두려움을 없애줌) 세 가지를 말한다. 《금강경》에서 계속 강조하는 것은 재보시가 아니라 법보시다. 수행자가 금강경을 수지독송하면서 그 가운데 게송 한 구절이라도 다른 사람들에게 들려주고 그 내용을 말해 주는 일은 물질로 잴 수 없을 만큼 어마어마하게 가치가 높고 큰 보시라고 경전 내내 강조하고 있다.

그리고 불교에서는 물질이 없어도 할 수 있는 일곱 가지 보시, 즉 무재칠시(無財七施)를 일상에서 실천하라고 가르친다.

1. 화안시-부드러운 표정으로 대하기(和顏施)

2. 언사시-부드러운 말로 대하기(言辭施)

3. 심시-좋은 마음으로 대하기(心施)

4. 안시-좋은 눈빛으로 대하기(眼施)

5. 신시-몸으로 봉사하기(身施)

6. 상좌시-자리를 양보하기(床座施)

7. 찰시-말없이 잘 헤아려 돕기(察施)

다른 사람들에게 대가를 바라지 않고 도움을 주는 모든 선행은 다 보시다. 어떤 보시든 많이 할수록 좋지만, 보시를 하고서는 했다는 상을 내기가 쉽다. 그런 보시는 상에 머물기 때문에 올바른 보시가 아니다. 주고도 주었다는 생각이 없는 무주상 보시야말로 참된 복덕을 기르는 진정한 보시다.

대승불교에는 여섯 가지 바라밀 수행이 있다. 그 가운데 첫 번째가 보시 바라밀이다. 바라밀이란 "어둡고 어리석은 이 언덕에서 깨달음을 통해 밝고 지혜로운 저 언덕으로 건너간다."라는 뜻이다. 바라밀에는 위로는 스스로 높은 지혜를 추구하는 상구보리(上求菩提) 정신이 있고 아래로는 뭇 중생을 교화하는 하화중생(下化衆生)의 정신이 동시에 담겨 있다.

따라서 보시와 보시 바라밀은 다르다. 단순한 보시는 주었다는 자부심과 자랑을 할 수 있지만, 보시 바라밀은 주어도 준 것이 없고 받아도 받은 것이 없는 그런 텅 빈 무주상 보시를 말한다.

《금강경》에서 이토록 무주상 보시를 강조하는 까닭은 무엇인가? 중생들은 보고 듣고 냄새 맡고 맛보고 촉감하는 오감에 걸리고 자기의 주관적인 생각에 걸려서 번뇌와 망상이 끊일 날이 없다. 늘 오욕락(五欲樂, 재물, 이성, 음식, 명예, 장수 등 다섯 가지 욕망의 즐거움)을 추구하며 욕망이 끝이 없는 중생들이기에 어느 하나에 집착해서 머무르지 않고 수행하기가 너무나 어렵기 때문이다.

그래서 수행자들에게 다음 같은 육바라밀 수행은 너무나 중요하다.

1. 베풀었다는 상 없이 이웃에 항상 베풀고(布施, 보시)

2. 윤리 도덕의 계율을 스스로 잘 지키고(持戒, 지계)

3. 힘들고 어려운 일을 당해도 참고 인내하며(忍辱, 인욕)

4. 열심히 노력하고 수행을 게을리하지 않으며(精進, 정진)

5. 산만하거나 혼미하지 않고 맑고 고요한 경지에 머물며(禪定, 선정)

6. 부처님과 같은 밝은 깨달음의 지혜(般若, 반야)에 도달함

육바라밀은 대승 보살이 실천해야 할 가장 중요한 수행법이다.

사실 《금강경》에서 그토록 강조하는 '무주상 보시'는 첫 번째 보시 바라밀만 강조한 것이 아니라 수행자로서 모름지기 육바라밀을 모두 실천하라는 것이다. 명예나 대가나 어떤 것을 바라지 않고 오직 텅 빈 마음으로 보시하면 아무것도 마음에 남는 것이 없다.

부처님은 이런 무주상 보시의 공덕은 우주 공간처럼 헤아릴 수 없이 크다고 말씀했다. 불교는 우리가 사는 우주의 공간과 시간을 '시방 삼세'로 표현한다. 공간은 시방(십방十方, 동서남북, 그 사이 동남, 동북, 서남, 서북 그리고 상, 하)으로 시간은 삼세(과거, 현재, 미래)로 나누었다. 무주상보시의 공덕은 우주의 무한한 시간과 공간의 크기를 알 수 없듯이 그토록 넓고 크다.

5

여리실견분 如理實見分
(세상 이치를 있는 그대로 바로 보다)

"수보리야, 어떻게 생각하느냐? 과연 신상(身相, 신체의 모습)을 통해 여래를 볼 수 있겠느냐?"

"볼 수 없습니다, 세존이시여. 신체의 모습만으로는 여래를 볼 수 없습니다. 왜냐하면 여래가 말씀하신 신상(身相)이란 보이는 신체의 모습이 아니기 때문입니다."

부처님께서 수보리에게 말씀하셨다.

"무릇 모든 상(相)은 다 허망한 것이니 온갖 상들이 본래 상(실재)이 아님을 본다면 곧 여래를 볼 것이다."

4장에서 부처님은 무주상 보시의 공덕이 얼마나 큰지 말씀했다면 여기 5장은 한 걸음 더 나아가 여래(진리)를 바로 보는 법에 대해 가르친다. 눈에 보이는 겉모습으로 실재 내용을 판단하면 크게 그르친다는 교훈은 사실 우리가 종종 듣는 것이다. "책표지로 그 책을 평가하지 말라."라는 서양 금언이 있듯이.

금강경의 가르침 가운데 시종일관 강조하는 것이 '상'을 취하지 말라는 말씀이다. 그래서 네 가지 상을 벗어나야 한다고 누누이 말씀했고 여기 5장에서도 여래(진리)를 보는 데 상에 머물면 여래를 볼 수 없다고 했다. 고정관념인 상으로 여래인지 아닌지를 판단하면 실재를 보지 못하여 진리를 벗어난다는 가르침은 여기 5장뿐 아니라 《금강경》에서 반복해서 나온다.

《금강경》에서는 아무리 거창한 물질로 보시한다 해도 《금강경》 한 구절을 사람들에게 전하는 공덕에 미칠 수 없다고 했다. 그만큼 진리를 전하는 일이 물질을 나누는 일보다 중요하다는 것이다. 깨달음의 말씀을 축약하여 보통 게송으로 표현하는데, 게송이란 원래 인도말 경전을 중국식 한문으로 바꿀 때 사구절의 시(四句偈)를 지어 압축해 표현한 것이다.

《금강경》에는 우리에게 잘 알려진 유명한 몇 개의 게송이 있다.

여기 5장에 《금강경》을 대표하는 유명한 첫 번째 게송이 나왔다.

"무릇 모든 상은 다 허망한 것이니 온갖 상들이 본래 상(실재)이 아님을 본다면 곧 여래를 볼 것이다(凡所有相 皆是虛妄 若見諸相非相 卽見如來)."

그리고 10장에 "모양, 소리, 냄새, 맛, 촉감, 법 어디에도 머물지 말고 항상 깨어 있는 마음을 내라(不應住聲香味觸法生心 應無所住 而生其心)."

26장에 "만약 모양으로 여래를 보려거나 음성으로 여래를 찾는다면 이 사람은 삿된 길을 가는 것이니 영원히 여래를 볼 수 없다(若以色見我 以音聲求我 是人行邪道 不能見如來)."

32장에 "일체의 유위법은 꿈이요, 환상이요, 물거품이요, 그림자요, 이슬 같고 번개 같으니 반드시 이처럼 세상을 보아야 한다(一切有 爲法 如夢幻泡影 如露亦如電 應作如是觀)."

이 게송들은 표현은 달라도 근본 뜻은 다르지 않다. 상을 여의지 않고는 세상을 바로 볼 수 없고 진리와 영영 멀어진다는 것이다.

이 장에 나온 첫 번째 게송 역시 눈에 보이는 상(색신, 色身)을 실체로 여기면 진리(법신, 法身=여래)를 볼 수 없다는 말이다. 여기서 여래란 불성(佛性)과 같은 말로 본래 갖춘 부처님과 같은 성품을 의미하는데, 어떤 학자는 '일체중생이 공유하는 생명의 본체'라고 해석했다. 여래와 같은 근본 성품(불성)을 일체 중생들도 본래부터 갖고 있기 때문에 그것을 바로 보고 깨달으려면 눈에 보이는 허망한 상에 걸리지 말아야 한다는 것이다.

어느 종교나 예배의 대상을 눈에 보이는 모습으로 형상화한다. 예수상, 성모상, 불상, 보살상 등을 조각이나 그림으로 만드는 이유는 중생들이 어떤 모습을 갖춘 구체적인 존재를 보아야 믿기 때문이다. 중생들은 보이고 들리고 만져지는 그런 외적인 형상(身相)이 있어야 믿는다. 더구나 중생들은 비범한 것에 대한 기대를 갖고 있기 때문에 거룩해 보이는 외형이나 특별한 초능력을 보기 원한다. 이런 상에 대한 집착 때문에 중생은 자기의 참된 불성, 다시 말해 여래를 보지 못한다.

이런 이야기는 불교에만 있는 것이 아니다.

"어떤 사람이 하느님을 한번 보고 싶다고 열렬히 기도했더니, 다음 날 너의 집을 방문하겠노라는 응답을 받았다. 집을 깨끗이 치우고 몸을 예쁘게 단장하고 애타게 하느님을 기다리는데 벨이 울렸고, 문밖에는 더럽고 누추한 거지가 하나 서 있었다. 곧 거룩한 하느님이 오실 텐테 당장 꺼지라고 소리쳐 내쫓고 아무리 기다려도 오시지 않았다. 다음 날 하느님께 왜 약속을 지키지 않으셨냐고 항의하자 '내가 갔는데 네가 쫓아내지 않았느냐?'"라고 했다는 이야기가 있다.

이처럼 자기가 만든 상에 머물면 진리와 멀어진다. 어느 종교를 믿는가와 상관없이 누구나 나름의 상을 갖고 사는데, 문제는 그것이 실상이라고 믿고 그 상에 집착한다는 점이다. 모든 상은 다 허망하다는 위의 게송을 잘 새겨야 할 일이다.

도(道)란 초월적이고 기이한 데 있지 않다. '평상심이 도'라는 말이나 '지혜가 큰 사람은 마치 바보와 같다.'라는 노자의 말처럼 망상이나 분별을 떠난 도인은 일상 가운데 너무나 평범하게 행동한다. 그러니 약삭빠른 세상에 아둔한 바보같이 보일 것이다.

하지만 진리가 일상 속에 있다 해도 우리의 오감이나 생각으로 알아보는 것은 아니다. 진리는 감각이나 지식이 아니라 마음으로 아는 것이기 때문이다. 여래를 본다는 것, 진리에 눈뜬다는 것은 모든 생명체에게 본래부터 있는 때 묻지 않은 근본 성품을 마음으로 보고 깨닫는 것이다.

인간은 여섯 감각기관(육근六根, 눈, 귀, 코, 혀, 몸, 생각)을 통해 사물을 판단하고 분별한다. 하지만 이런 여섯 감각에 의한 인식(육식, 六識)으로는 세상의 근본 원리를 알 수 없다. 그래서 눈에 보이고 냄새나고 촉감하고 분별하는 그대로의 감각 세계에 끌려다니면 실상이 아닌 자기가 만든 허상에서 헤어나지 못하게 된다.

기독교에도 같은 이야기가 있다. "진리는 인간의 오감으로는 알 수 없다."라는 말은 로마 시대의 성 아우구스티누스가 《고백록》에서 한 말이다. 서구 기독교 사상의 아버지라 할 아우구스티누스는 눈, 귀, 코, 입, 몸의 유혹이나 감각에 속지 말기를 하느님께 간절히 기도하며 영적인 힘으로 하느님을 만날 것을 뜨겁게 기도했다. 종교마다 교리의 차이는 있지만, 인간의 감각적 한계를 넘어서야 진리에 이를수 있다는 근원적 공통점이 있다.

우리가 감각과 지식으로 그토록 분명하게 믿는 것들이 대부분 허상이며 실상이 아니라는 가르침은 현대과학에서도 밝히고 있다. 현대과학에서는 '공'(비어 있음)의 세계를 어떻게 설명할까? 감각적 판단과 근원적인 '공'의 관계에 대해 한 천문학자의 이야기를 들어 보자.

"사람들은 누군가를 '잘생겼네, 못생겼네, 누구를 닮았네…' 등 보이는 모습을 보고 판단을 하지만 그게 과연 실체인가, 진실인가? 그렇지 않다는 거죠.

사실 우리 몸이라는 것은 따져 보면 텅 빈 공간에 불과해요. 우리 몸은 원자로 구성되어 있어요. 원자는 가운데 원자핵이 있고 그 주변을 전자들이 궤도운동을 하고 있는데, 원자핵은 전자 궤도의 십만 분의 일에 불과하며 전자와 원자핵 사이는 사실상 텅 빈 공간입니다.

만약 서울의 여기 우리가 서 있는 자리를 원자핵이라고 한다면 그 주변을 돌고 있는 전자는 대전 어딘가에 있고, 그 사이는 텅 빈 공간입니다. 그러니 원자는 텅 빈 것이나 다름없고 원자로 구성된 사람도 마찬가지인 거죠. 그런데도 사람들은 (텅 빈 것이나 다름없는) 나를 볼 때 텅 비어 있다고 보지 않고 뭔가 가득 찬 것으로 봐요.

그 이유는 무엇일까요? 우리 피부에 있는 전자들이 빛을 반사하기 때문입니다. 사실상 우리는 모두 텅 비어 있는데 빛과 전자들의 끊임없는 상호작용 때문에 빛이 우리를 통과하지 못해서 서로를 가득 찬 존재로 보는 거지요. 그러므로 우리가 말하는 누구의 외모라는 것은 누군가의 실상이 아니라 (피부에 반사된) 빛이 준 인상에 불과합니다.

물론 빛이 만든 그 인상이 사람들에게 아주 중요하게 다가오고 그것이 사람들의 인생을 바꿔 놓기도 하지만, 과학적으로 본다면 누구의 외모라는 것은 빛이 우리에게 주는 선택적인 정보일 뿐이지 그 사람의 실체가 아니라는 겁니다.

빛을 통해서 우리가 어떤 사물을 보지만 우리는 빛이 주는 선택적인 정보만 보기 때문에 그 실체를 보지 못합니다. 그래서 어떻게 실체에 접근할 수 있는가는 천문학적으로 오늘날 매우 중요한 문제입니다.

안드로메다은하를 가시광선, 자외선, 적외선, 엑스선 등 서로 다른 다양한 빛으로 비추어 보면 모두 다른 모양으로 보이죠. 만약 우리 눈이 가시광선에 반응하도록 되어 있지 않고 예를 들어 엑스선에 반응하도록 만들어져 있다면 우리는 지금 우리가 아는 안드로메다은하와는 너무나도 다른 안드로메다은하를 보게 될 겁니다.

그러므로 우리가 무언가를 본다는 것은 빛을 통해 그 인상을 받았을 뿐이며 그것이 실체가 아니라는 사실을 기억해야 합니다."

(윤성철, '빛의 뒤에서' 강연 중에서)

사람이든 사물이든 그에 대한 인상은 가시광선에 익숙한 우리 눈을 통해 들어온 선택적 정보일 뿐이다. 그런 점에서 빛이 준 허상임을 알지 못하고 그것이 실재한다고 믿는 것이야말로 어리석은 일이다. 5장의 게송처럼 모든 상은 허망하며 실상이 아님을 알면 여래를 본다고 했다. 여래를 본다는 것은, 만물이 본래 텅 비어 있으며 우리의 육근을 통해 보고 듣고 맛보고 만지는 만물이란 근원적으로 공(空)이라는 원리를 깨닫는 것이다.

절에 모셔 놓은 번쩍이는 금동 불상이 부처가 아니다. 모든 상을 다 여의면 여래를 보게 되고 누구나 다 스스로 부처가 된다. 《금강경》의 가르침을 믿고 스스로 옳다고 믿는 모든 상은 다 허망한 꿈임을 알아야 한다. 일체의 상을 여의고 어떠한 상에도 메이지 않아야 비로소 부처님과 같은 자기의 본래 성품을 보게 된다. 에고(ego)의 감각에 물들지 않고 자신이 만든 허상을 떠나면 본래 맑고 밝은 부처님과 같은 성품은 저절로 드러나기 마련이다.

부처님은 어리석고 무지한 중생들을 구제하기 위해 이 세상에 온 것이 아니다. 누구나 본래 불성을 지니고 있음을, 다시 말해 '누구나 본래 구제되어 있음'을 알려 주기 위해 이 세상에 오신 것이다. 수행이란 누구나 가진 본래 순수한 자기 불성(佛性)을 발견하고 그대로 회복하는 일이지 뭔가 없는 것을 새로 힘들게 만드는 일이 아니다.

그러나 여러 생에 쌓인 업(業(karma), 습관)으로 인해 대부분의 사람들은 탐내고 성내고 어리석은 중생으로 살아간다. 여래를 본다는 것은 자신이 지닌 참다운 불성을 바로 보고 깨닫는 것이다. 보편적인 생명의 본체를 알고 텅 빈 우주의 진실에 눈뜨게 될 때 여래를 볼 것이다.

6

정신희유분 正信希有分
(바른 믿음은 드물고 희귀하다)

수보리가 부처님께 여쭈었다.

"세존이시여, 이와 같은 가르침을 듣고 참된 믿음을 낼 중생들이 있겠습니까?"

부처님께서 수보리에게 말씀하셨다.

"그런 말을 하지 말라. 여래가 열반한 뒤 오백 년이 지난 다음에도 계를 지키며 복을 닦는 사람이 있어 이런 가르침을 듣고 믿는 마음을 내며 진리로 삼을 것이다.

이런 사람은 한 부처님이나 두 부처님, 셋·넷·다섯 부처님에게만 선한 공덕을 지은 것이 아니라 이미 헤아릴 수 없이 많은 부처님들에게 온갖 선한 공덕을 지었다. 그러므로 이러한 가르침을 듣고 한 생각에 바로 바르고 깨끗한 믿음을 낼 수 있음을 마땅히 알아야 한다.

수보리야, 이런 믿음을 낸 중생들이 헤아릴 수 없이 많은 복덕을 얻게 됨을 여래는 모두 다 알고 보느니라. 이런 중생들은 더 이상 나라는 상, 남이라는 상, 중생이라는 상, 수명에 대한 상을 갖지 않으며 법이라는 생각도, 법이 아니라는 생각도 내지 않기 때문이다. 이 모든 중생들이 만약 마음에 어떤 상을 내면 곧 나라는 상, 남이라는 상, 중생이라는 상, 수명에 대한 상에 집착한 것이기 때문이다. 만약 법이라는 상을 갖는다면 나와 남과 중생과 수명에 집착한 것이며, 법이 아니라는 상을 갖는다 해도 역시 나와 남과 중생과 수명에 집착한 것이다.

　그러므로 마땅히 법도 취하지 말고 법 아닌 것도 취하지 말아야 한다. 이런 까닭에 여래는 늘 이렇게 말한다.

　"그대 비구들은 나의 설법이 강을 건너는 뗏목과 같음을 알아야 한다. 강을 건넜으면 마땅히 뗏목은 버려야 한다. 법도 버려야 하거늘 하물며 법 아닌 것이야 말할 필요가 있겠느냐."

　이제 수보리는 부처님께 점점 더 깊이 문제를 제기한다. 5장에서 부처님이 "일체의 상이 허망한 줄 알라."고 하자 수보리는 의문이 들었다. 현세든 내세든 이런 고명한 가르침을 듣고 몇 명이나 과연 그 말씀을 믿고 진실로 따를 것인가 하는 의문이다.

　중생들은 늘 온갖 상을 갖고 산다. 절에 오면 제일 먼저 상을 내지 말라고 가르치시는 부처님의 상부터 만든다. 백 명이면 백 명이 서로 다른 부처님의 상을 마음속에 그리기 마련이다. 각자 거룩하고 특별한 어떤 존재로 부처님 모습을 마음속에 그려 놓고 온갖 소망을 이루어 달라고 매달리며 기도한다. 또 중생들은 싫다/좋다, 옳다/그르다, 잘났다/못났다 같은 온갖 이분법으로 상을 만들어 네가 옳으니 내가 옳으니 시비 분별하기에 끝이 없다.

그러니 후세에 길이 불교가 전해질 때 과연 몇 사람이나 부처님의 가르침을 바르게 믿고 따를 수 있을까? 수보리가 생각해 봐도 무척 회의가 들었던 모양이다. 일체의 상이 사라진 경지는 바로 부처다. 상을 갖지 말라는 부처의 가르침을 따르려면 부처가 되는 길로 가야 하는데, 참으로 이루기 어려운 일이다. 그러니 수보리는 누가 과연 바르게 믿고 따르게 될지 의심스럽고 또한 걱정하는 마음이 들었던 것이다.

하지만 부처님은 분명히 답하셨다. 역사가 아무리 많이 흘러도 앞으로 세상이 아무리 변해도 반드시 계율(도덕)을 지키고 선행을 베풀어 복을 닦는 사람들이 나온다. 그런 사람들은 한두 생애에 선업의 뿌리를 심은 것이 아니다. 여러 생애에 걸쳐 수많은 부처님들을 향해 엄청난 수행 공덕을 지었기 때문에 큰 지혜를 타고난다. 그래서 부처님의 가르침을 들었을때 바로 믿으며 그 가르침을 따르고 분명히 실천해 간다는 것이다.

그런데 여러 생에 걸쳐 선업의 뿌리(선근)를 심었다는 것은 무슨 뜻인가. 육조 혜능 스님은 이에 대해 다음과 같이 설명했다.

"선근을 심는다는 것은 탐욕과 분노와 어리석음(貪瞋痴), 이 세 가지 독(毒)으로 고통받는 모든 중생들에게 자비로운 마음을 내어 어느 누구도 업신여기거나 미워하지 않고 그들이 필요한 것이나 원하는 것을 힘닿는 대로 도와주고 중생들을 항상 이익되게 하는 공덕을 오래도록 짓는 것이다.

이런 사람들은 '나'라는 존재가 있다는 관념이 없다. 내가 없으니 당연히 너라는 관념도 없고, 중생이라는 관념도, 수명에 대한 관념도 없다. 이런 사람들은 아상, 인상, 중생상, 수자상을 내지 않기 때문에 부처님의 가르침을 듣고 조금의 의심도 없이 믿고 따르며 곧바로 실천한다. 그래서 이런 사람들은 재난과 고통이 끊이지 않는 혼돈 시대, 말법 시대에도 부처님의 가르침을 따라 열심히 정진해 한없는 복덕을 받을 것이다."

석가모니 부처님의 생애에 대해서는 몇몇 주장이 있지만 주로 기원전 544년에 탄생하시어 삼십오 세에 새벽 별을 보고 깨달음을 이루시고 이후 사십오 년간 불법을 펴시다가 팔십 세에 열반한 것으로 본다. 여기 6장에서 "부처님이 열반하신 뒤 오백 년이 지난 다음"에도 계를 지키고 복을 닦는 사람들이 있다고 했는데, 이런 시대 구분은 일찍이 석가모니께서 생전에 말씀하신 내용이다. 자신이 입멸한 이후 시간을 오백 년씩 나누어 다음 다섯 오백 년이 어떤 세상이 될지 그 특징을 알려 주셨다.

제1 오백 년은 해탈(解脫) 시대, 제2 오백 년은 선정(禪定) 시대, 제3 오백 년은 다문(多聞) 시대, 제4 오백 년은 탑사(塔寺) 시대, 제5 오백 년은 투쟁(鬪爭) 시대라고 했는데, 그 특징은 다음과 같다.

제1 오백 년, 해탈 시대는 입산수도하는 사람은 물론 불교를 믿는 사람이면 대개 해탈의 경지에 이를 수 있을 만큼 불자들의 근기(根機, 타고난 수행 역량)가 뛰어나고 도를 매우 잘 닦는 시대를 뜻한다.

제2 오백 년, 선정 시대는 많은 사람이 해탈의 경지에 이를 만큼 뛰어난 시대는 아니지만 맑고 고요한 선정의 경지에는 오를 만큼 도를 닦는 사람들이 많은 시대다.

제3 오백 년, 다문 시대는 이제 근기가 많이 약해져서 수행자들이 해탈도 선정도 이루기 어려운 시대에 들어섰다. 하지만《팔만대장경》의 교리를 통달하여 지식이 발달하고 교학 면으로 배움이 높은 시대가 된다.

제4 오백 년, 탑사 시대는 근기가 더욱더 약해져서 해탈도 선정도 다문도 성취하기 힘들어졌다. 그래서 점점 절 짓고 탑 쌓고 건설하는 외형적인 불사를 많이 일으키는 시대다. 거대한 청동불이 절 마당에 세워지고 교회당의 첨탑이 하늘을 찌를 듯이 올라가는 모습이 상상된다.

제5 오백 년, 투쟁 시대는 앞 시대에서 이루었던 해탈, 선정, 다문, 탑사 그 어떤 것도 이루기 어렵다. 오직 명예와 이익을 쟁취하기 위해 수행자들끼리 신도들끼리 서로 싸움을 일삼는 시대다.

이렇듯 부처님은 여래가 돌아가신 이후 점점 사람들의 근기가 약해지고 바른 수행자가 드물고 도를 닦기가 무척 어려운 세상(오탁악세, 五濁惡世)이 될 것을 알고 계셨다. 오늘날 정법을 실천하는 사람들은 점점 줄어들고 세속적 욕망이나 다툼은 심각하게 늘어나는 세태를 보면서 이천 육백여 년 전 부처님의 예견이 새삼 놀랍다.

이렇게 오백 년씩 구분하는 방법 외에도 정법(正法), 상법(像法), 말법(末法) 시대로 나누기도 한다. 석가모니 부처님이 돌아가신 후 천 년씩 삼분한 것이다. 이런 두 가지 구분법에 따르면 지금 우리가 사는 시대는 투쟁 시대이자 말법 시대다. 여러 잘못된 사회 현상을 보고 흔히 말세라고 탄식하는데, 이미 오래전에 예견된 일인 셈이다.

하지만 투쟁을 일삼는 말법 시대에도 부처님의 참된 가르침을 순수한 마음으로 믿고 바르게 수행하는 사람들이 반드시 있다고 했다. 재물과 권력을 앞세워 서로 싸우고 예의와 품위를 저버린 현대 사회에서도 바른 믿음으로 열심히 수행하는 사람들이 있다. 이런 사람들은 불법을 따라 살지만, 불법에 대해 집착하지 않는다. 일체의 상을 다 버린다는 점은 불법에 대해서도 예외가 아니다. 이런 내용을 6장 마지막 구절에서 부처님께서 말씀하셨다. "법도 취하지 말아야 하는데 하물며 법 아닌 것을 취하겠는가." 옳은 것은 취하고 그른 것은 버린다는 이분법에 젖은 중생들은 이해하기 쉽지 않은 말이다. 법이라고 신성시하고 집착하면 우상화가 될 뿐 불법의 진리와는 거리가 멀어진다. 불법을 바르게 배우고 실천할 뿐 거기에 오로지 매달린다면 법상에 걸려 부처님의 가르침을 저버리는 꼴이 된다.

여기서 '법(法)'의 뜻을 알아보자. 법은 종교나 학문이나 일상에서 흔히 쓰고 듣는 용어다. "도대체 그런 법이 어디 있냐!"라면서 서로 다툴 때도 쓰고, "악법도 법이다."라고 사회 조직의 규율을 가리킬 때도 쓴다. 부처님 법. 하나님 법, 율법, 정법 등등 종교계에서 많이 쓰는 말이지만 그 의미는 종교마다 차이가 있다.

불교에서 '법'의 의미는 다음 네 가지로 주로 쓰인다.

* 세상의 모든 구성 요소
* 진리
* 부처님의 가르침
* 개념

이렇게 '요소, 진리, 가르침, 개념' 등 다양한 의미를 지니지만, 그들은 서로 연결되어 있다. 세상의 모든 요소를 여러 개념으로 부처님이 가르쳤고 그 가르침은 곧 실상을 알려 주는 진리이기 때문에 법이라는 단어 안에 모두 그 뜻이 포괄되어 있다. 따라서 법이란 문맥에 따라 해석될 수 있는 말이다.

예를 들어 여섯 감각기관(육근, 六根: 眼耳鼻舌身意, 눈, 귀, 코, 혀, 몸, 의식)의 감각 대상은 모양, 소리, 냄새, 맛, 촉감, 법(色聲香味觸法)인데, 여기서 의식의 대상에 해당하는 '법'이란 우리의 생각을 이루는 개념을 뜻한다.

또 "법도 버려야 하거늘 하물며 법 아닌 것이랴."라고 6장 끝에서 하신 말씀은 부처님의 가르침을 법으로 표현한 것이다. 바른 법이라 해도 집착하지 말아야 하는데 하물며 법 아닌 것을 법이라 믿고 거기에 매달리고 집착해서 되겠는가. 그래서 부처님의 설법은 강을 건너는 뗏목과 같다고 했다. 강을 건널 때는 뗏목이 필요하지만 이미 건넜으면 뗏목은 필요가 없다. 그런데 불법은 소중하다는 이유로 법상(法相)을 갖고 매달리고 연연해 한다면 뗏목을 타고 강을 건너 땅에 도달하고서도 그 무거운 뗏목을 계속 지고 가는 꼴이다.

이런 어리석음을 경계하고 법이든 법이 아니든 무엇에도 머물거나 집착하지 말아야 한다. 매 순간 또렷하게 깨어 있으면 어떤 상황이 와도 거기에 맞는 지혜가 생겨 어느 한쪽에 치우치지 않고 바른 판단과 행동을 할 것이기 때문이다.

7

무득무설분 無得無說分
(얻을 것도 없고 설법할 것도 없다)

"수보리야, 어떻게 생각하느냐? 여래는 가장 높고 바른 깨달음(아뇩다라삼먁삼보리)을 얻었느냐? 여래가 설(設)한 법이 있느냐?"

수보리가 말씀드렸다.

"제가 부처님이 말씀하신 뜻을 이해하기로는 가장 높고 바른 깨달음이라고 할 만한 어떤 정해진 법이 없으며 여래는 그 어떤 정해진 법을 설하신 일이 없습니다.

여래의 설법은 취할 수도 없고 말할 수도 없으며 법도 아니고 법 아닌 것도 아닙니다. 왜냐하면 역사상 모든 성현들은 (무언가를 했다 해도 한 바가 없는) '무위법(無爲法)'으로써 중생과 다른 차이가 있기 때문입니다."

인도 북부의 작은 나라(카필라국)의 왕태자였던 싯다르타는 이십구 세에 왕궁을 떠나 삼십오 세에 보리수 아래에서 깨달음을 얻고 석가모니 부처님이 되었다. 그리고 팔십 세에 열반하기 전까지 약 사십오 년간 많은 중생을 만나 여러 설법을 했다. 그것들이 모여 오늘날 팔만대장경으로 전해 온다.

그런데 부처님의 설법 방식은 특이하다. 흔히 대기설법(對機說法)이라 하는데, 그 이유는 질문하는 사람의 근기(根機, 수행 능력, 그릇)에 알맞게 각기 다른 방편(方便, 수단)을 쓰기 때문이다. 마치 병에 따라 약을 달리 주듯이 가르침을 받는 자의 능력이나 처지에 따라 각기 다른 맞춤형 교육을 하셨다.

그런 부처님의 설법은 생존 때는 자료로 남아 있지 않았다. 부처님이 돌아가신 후 입에서 입으로 구전되어 오다가, 어느 날 흩어져 사라질까 우려해 제자들이 서로 검증해서 기록으로 만든 것이 오늘날 우리가 보는 경전들이다.

석가모니 부처님은 깨달음 이후 제자들과 중생들을 위해 수십 년간 설법하고 교화했다. 그리고 석가모니불 사후에는 제자들이 결집한 경전을 통해 사람들이 배우고 깊은 깨달음을 얻었다. 그런데 왜 여기 7장에서는 부처님께서 설법한 것도 없고 우리가 얻을 것도 없다고 한 것일까.

먼저 가장 높고 바른 깨달음(아뇩다라삼먁삼보리)이 무엇인지부터 생각해 보자. 붓다(부처)라는 말은 '깨달은 자'라는 뜻이다. 반면 아직 깨닫지 못한 자를 중생이라고 부른다. 불교는 깨달음의 종교다. 염불, 참선, 간경, 절하기 등 어떤 수행을 하더라도 불교 수행의 궁극 목표는 깨달음이다.

그러면 깨달음이란 무엇인가. 이 장에서 말하는 '가장 높고 바른 깨달음', 즉 아뇩다라삼먁삼보리는 어떤 깨달음을 말하는가.

육조 혜능 스님은 깨달음에는 외적, 내적 의미가 있다고 다음과 같이 설명했다.

"외적으로는 이 세상의 모든 것들이 다 공(空)하다는 것을 알고 세상의 근본 이치를 깨닫는 것이다. 내적으로는 우리의 마음 또한 공하다는 것을 알고 육진(六塵: 눈, 귀, 코, 혀, 몸, 생각의 작용을 통해 생기는 망상과 번뇌)에 물들지 않는 것이다."

다시 말하면 깨달음이란 수행을 통해 '마음에 어떤 헛된 망상(妄想)도 없고 어떤 번뇌나 교만함도 사라진 경지'에 도달하는 것이다. 마음이 선정(禪定, 고요함)과 지혜(智慧, 명료함) 가운데 있어서 언제나 맑고 밝고 고요한 경지에 이른다.

그런 마음은 산란하지 않고 평안하며, 어리석지 않고 현명하며, 죽음에 대한 공포가 없고 삶에 대한 집착도 없다. 생사를 초월해 지극히 평안하고 고요하며 마음이 텅 비어 신령스럽게 모든 것을 알 수 있는 공적영지(空寂靈知)에 도달한다. 이런 상태에 완전히 도달하면 최고의 바른 깨달음(아뇩다라삼먁삼보리)을 이루고 성불(成佛)했다고 한다. 사람이라면 누구나 간직하고 있는 부처님과 똑같은 성품(佛性)을 스스로 깨달아 부처와 같은 경지에 이를 수 있다. 이것이 바로 해탈이자 열반이고 성불이다.

한편 어떤 불교학자는 뇌과학의 관점에서 해탈을 '뇌에 가득한 감성의 신경망과 인지의 신경망의 속박에서 '한 점 식(識, 인식)의 흐름'이 자유로워지는 것'이라고 설명했다. 끊임없이 산만하게 움직이는 한 점 의식의 흐름이 감성적·인지적 속박에서 벗어나 온전히 자유롭게 머물면, 바로 해탈 열반이며 부처가 되는 것이다.

이렇게 아뇩다라삼먁삼보리를 얻음으로써 싯다르타 태자는 석가모니불이 되었고 사람과 하늘이 스승 즉 인천(人天)의 사표(師表)가 되었다. 하지만 진리는 석가모니불의 설법에만 있고 불교 경전에만 있을까? 부처님의 가르침(불법)은 하나의 정해진 법이 따로 있을까?

불법은 하나의 고정된 법이 없다. 가르침을 받는 중생들의 근기(根機, 능력)가 모두 다르기 때문이다. 사람마다 환경이 다르고 지혜가 다르고 능력이 다르다. 사람과 상황에 따라 부처님의 설법은 아주 다양하고 심지어 상반되기까지 하다. 이렇게 부처님의 가르침은 천차만별이기 때문에 늘 살아 움직이는 불법은 딱 하나의 고정된 정답으로 보여 줄 수 없다. 예를 들어 보자. 만리 부인에게 부처님께서 왜 술로써 계율을 삼으라고 했는지 그 까닭에 대해 유불선에 능통한 탄허 스님의 해석을 들어 본다.

"부처님께서 막아 놓은 것으로는 송곳 하나 꽂을 땅도 없이 막아 놓았지만 터놓은 것으로는 우주를 포용할 만큼 터놓았습니다.

부처님은 평소 '술'에 대한 계율을 말씀하실 때 술집을 손가락으로 가리키기만 해도 오백 생의 팔 없는 인과응보를 받는다고 할 만큼 술을 경계하셨지요. 그런데 어쩐 일인지 만리 부인에게만은 예외였습니다.

만리 부인은 남편인 왕에게 10년간 독주를 빚어서 마시게 했는데, 하루는 만리 부인이 부처님을 찾아와서 '부처님 저의 죄를 어찌해야 합니까?' 하고 물었죠. 만약 여기서 '그대의 죄는 영원히 씻을 수 없다.'라고 부처님이 답했다면 그것은 부처님 법이 아닙니다. 오히려 부처님께서는 '그대는 술로써 계율을 삼으라'라고 하셨어요. '그대가 천 년간 술을 빚어서 남편에게 주었다고 해도 그것은 허물이 아니라 오히려 복이 되리라.' 이렇게 만리 부인에게 예상 밖의 대답을 하셨습니다.

이처럼 경전에 나온 계율과 원칙은 변함이 없지만, 그것이 고정된 법으로 박제화된 것이 아니라 어떤 특수한 상황에 맞게 살아 움직이는 것입니다. 왜냐하면 만리 부인의 남편은 술을 안 마신 맑은 정신으로는 자주 사람들을 죽였는데 반해, 술에 취해 있으면 사람을 죽이지 않았기 때문에 술을 빚어서 드려도 죄가 되지 않았기 때문입니다. 술이 나쁘지만 살인을 막기 위해서는 술이 죄가 안 될 수도 있다는 겁니다. 이렇게 불법에는 개차법(開遮法, 열기도 하고 닫기고 하는 법)이 있습니다."

과연 무엇이 불법일까? 불법을 물을 때 이것이 바로 불법이야라고 정하는 순간 이미 불법이 아니다. 깨달음은 깨달은 것이 끊어진 자리이기 때문에 거기에 '깨달았다는' 생각이나 말이 붙으면 아직 깨닫지 못했다는 뜻이다. 아무리 깨달았다 할지라도 말과 생각이 끊어지지 않았다면 아직 최상의 바른 깨달음이 아니라는 말이다.

그러므로 부처님의 가르침은 '이런 법이다.'라고 규정할 수도 없지만 '그런 법이 아니다.'라고 규정할 수도 없다. 항상 대상과 상황에 맞게 살아서 움직인다. 그래서 그렇게 많은 설법을 하셨지만 설한 것이 없고, 그렇게 많이 들었지만 들은 바가 없다고 이 장에서 가르치고 있는 것이다.

참된 진리는 말이나 글로써 온전히 나타낼 수 없다. 우리가 사과의 맛을 아무리 심오한 지식과 언어를 가지고 자세히 표현한다 해도 스스로 맛보지 않는 한 우리는 사과의 맛을 온전히 알 수가 없다. 하물며 진리의 세계를 어찌 필설로 할 수 있겠는가. 진리는 오직 그 경지에 이르러 스스로 체득한 자만이 알 수 있다. 그렇기 때문에 아무리 고상한 말과 글로써 표현한다 해도 결코 바르게 전할 수 없다.

석가모니 부처님은 살아서 그토록 많은 설법을 했지만 정작 열반할 때는 "나는 한마디도 말한 바가 없다."라고 했다. 말이나 글로써 그 참 뜻을 표현할 수 있는 법이 없기 때문이다.

그러면 오늘날 전해지는 방대한 《팔만대장경》은 무엇인가. 그것은 석가모니 사후 긴 세월에 걸쳐서 제자들과 학자들에 의해 부처님의 가르침을 기록하고 보존하면서 그에 대한 주석과 해석을 가한 역사적 인 자료일 뿐이다.

불교 경전에는 부처님께서 사십오 년간 "장광설의 법문을 베푸셨 다."라고 나오지만, "한 말씀도 하지 않으셨다."라고도 하니 그야말로 정반대의 주장이 담겼다. 사람들이 볼 때는 부처님께서 팔만 사천의 법문을 하셨지만, 부처님 입장에서는 단 하나의 법도 설한 것이 없다 는 이치다. 깨달은 위치에서 볼 때는 한 것과 안 한 것이 따로 없으며, 봐도 보는 것이 아니고, 들어도 듣는 것이 아니다.

그래서 여래의 설법은 취할 수도 없고 말할 수도 없다고 했다. '이 래야 한다, 저래야 한다.'라고 정해진 법도 없고 한순간도 고정된 관 념에 머무르지 않는다. 그렇다고 아무런 법도 없는 것은 물론 아니다. 의도적으로 만들어 내거나 작위(作爲)가 없고 언제나 상황에 따라 살아 움직이는 법, 그런 무위법(無爲法)만이 있을 뿐이다. 부처님이나 인류 의 성현들은 모두 해도 한 것이 없는 무위법의 원리로써 중생들의 이 해와 계산을 넘어선 경지에서 차원이 다른 진리를 몸소 보여 주셨다.

무위법은《금강경》방식으로 보자면 사상(四相: 아상, 인상, 중생상, 수자상)을 벗어난 경지다. 무위법은 허공과 같이 일체의 상이 사라진 경지다. 사상이 사라지면 실상을 보는 눈이 지혜롭고 분명해져서 이분법의 허상에 떨어지지 않는다. 거칠거나 미세한 어떤 번뇌나 망념을 완전히 벗어나 자유자재하게 된다.

8

의법출생분 依法出生分
(일체가 이 법으로부터 나온다)

"수보리야, 어떻게 생각하느냐? 만약 어떤 사람이 삼천대천 세계를 가득 채울 만큼 많은 칠보로 세상에 널리 보시한다면 이 사람이 얻는 복덕이 많지 않겠느냐?"

수보리가 대답했다.

"매우 많습니다, 세존이시여! 왜냐하면 이 복덕은 참된 복덕의 성질을 띠지 않기 때문에 여래께서는 복덕이 많다고 하셨습니다."

"만약 어떤 사람이 이 경전을 믿고 받들어 수행하면서 네 구절의 게송이라도 다른 사람들에게 말해 준다면, 그 복덕은 삼천대천 세계를 채울 만큼 수많은 칠보로써 보시한 복덕보다 훨씬 더 클 것이다. 왜냐하면 수보리야, 모든 부처님과 그들의 최상의 깨달음(아뇩다라삼먁삼보리법)은 모두 이 경전에서 나오기 때문이다.

수보리야, 소위 불법이라고 부르면 그것은 이미 불법이 아니니라."

세속적인 복덕은 선행을 하고 그 대가를 받고 누리는 것이다. 일반적으로 복이 많은 사람들은 세속에서 많은 부귀와 영화를 누린다. 전생이든 현생이든 선행을 많이 쌓아서 그 결과로 물질적 복덕은 물론 정신적 복락까지 누리곤 한다. 높은 지위와 명예를 얻고 만인의 부러움의 대상이 되는 세속적 복덕을 얻게 된다.

전쟁에서 끝내 이기는 자는 복장(福將)이라는 말도 있다. 용맹하면 승리할 것 같지만 용장(勇將)은 지장(智將)을 이기지 못하고 지장은 덕장(德將)을 이기지 못한다. 그런데 덕장이라도 복장(福將)을 당해 낼 수가 없다고 한다. 결국 복 많은 장수가 최종 승리자라는 이야기다.

용맹함보다는 지혜로움이, 지혜로움보다는 덕(德)스러움이 한 수 위지만, 덕스러움도 복 많은 자를 당할 수는 없다. 불교에서는 자신이 현생에서 쌓은 선악의 업에 따라, 그 인과응보에 따라 내세의 복덕이 결정된다고 한다. 많이 베풀었다면 그만큼 다복할 것이고 많이 빼앗았다면 그만큼 박복할 것이다. 하지만 이런 복덕은 주고받는 계산이 들어 있기 때문에 한계가 있다. 아무리 많은 복덕을 누린다 해도 그 복덕을 받을 만큼 다 받고 나면 다시 불행이나 고통이 기다리고 있다.

반면에 참된 복덕은 그렇지 않다. 부처님이 말한 참된 복은 깨달음을 통해 대지혜를 성취하는 근원적인 행복이다. 다시 말해 해탈이나 열반이다. 그것은 세속의 복덕 개념과 달라서 그런 잣대로 잴 수 있는 성질이 아니다. 그래서 복에는 맑고 깨끗한 청복(淸福)과 탁하고 흐린 탁복(濁福)이 있다고 한다. 물질적이고 세속적인 복이 탁복이라면 수행을 통해 얻는 진정한 행복은 청복이다.

보살은 탁복을 추구하지 않는다. 보살은 아무런 대가 없이 주는 무주상 보시를 기본으로 하기 때문에 보시 그 자체로 빛난다. 무주상 보시가 가져다주는 복덕은 세속적인 기준으로는 헤아릴 수 없다. 무주상 보시는 아무런 대가 없이 헌신하는 보살의 거룩한 자비심이므로 헤아릴 수 없이 무량하다. 이 때문에 복덕이 아무리 많다 해도 보살에게는 (세속적) 복덕이 없다고 부처님께서 말씀하신 것이다.

앞 장에서 불법이란 말할 것도 없고 얻을 것도 없어서 법도 아니고 법 아닌 것도 아니라고 했다. 무엇이라고 특정할 수는 없지만 그렇다고 없는 것도 아닌 그런 불법을 설명하기란 쉽지 않다. 그래서 《금강경》에 나오는 사구게(四句偈, 네 구절의 게송)만이라도 사람들에게 알려준다면, 값비싼 보석을 엄청나게 보시하는 것보다 더 귀하고 소중하다고 누누이 가르치고 있다.

불교 경전이나 주석 등 곳곳에 나오는 게송(사구게)은 불법의 진수를 네 구절로 요약한 일종의 시(詩)다. 그래서 《금강경》의 사구게를 들려준다는 것은 《금강경》을 스스로 잘 이해하고 깨달아서 다른 사람들에게 설명해 주고 그들을 불법으로 인도하는 일이다. 고통의 바다에 빠져 길을 잃은 중생들에게 해탈의 길을 말해 주는 법 보시를 실천하는 것이다. 그래서 물질적 보시와는 비교가 안 될 정도로 그 가치가 막중하다.

마지막으로 "모든 불법이 모두 이 경전에서 나온다."라는 구절의 의미를 생각해 보자. 역사에 출현한 수많은 성인과 현자들은 모두《금강경》에서 말하는 반야 지혜를 체득한 이들이다. 반야 지혜는 세속적 총명이나 학문 지식과는 달리 우주의 이치를 꿰뚫어 아는 근원적인 지혜다. 불법은 불교라는 종교의 제한된 교리가 아니라 우주적인 통찰이며 근본적인 깨달음이다. 불법은 스님이나 불자들만이 배우고 믿는 법이 아니라 깨달음을 통해 누구나 도달할 수 있는 근원적 지혜를 말한다. 만약 특정 사상이나 종교로 불법을 국한한다면 불법을 제대로 이해하지 못한 것이다.

《금강경》은 반야 지혜를 체득하시고 진리를 꿰뚫어 본 부처님의 깨달음을 담아 놓은 보물창고와 같다. 참된 불법은 특정 종교나 사상을 초월한 인류 보편의 지혜의 길을 제시한다. 그러므로《금강경》에서 밝힌 반야바라밀(분별과 집착이 끊어진 완전한 지혜를 성취함)은 진리의 근본이다. 그러므로 진리는 금강석같이 가장 강하고 빛나는 반야바라밀의 지혜를 담은 금강경에서 나온다는 말이다.

9

일상무상분 一相無相分
(어떤 것도 깨달았다는 상이 없다)

"수보리야, 어떻게 생각하느냐? 수다원의 경지에 이른 사람이 '나는 수다원의 성취를 이루었다.'라는 생각을 하겠느냐?"

수보리가 말씀드렸다.

"아닙니다, 세존이시여. 그런 생각을 하지 않습니다. 왜냐하면 수다원은 이제 성자의 흐름에 들었다는 뜻이지만 실은 어디에도 들어간 일이 없기 때문입니다. 모양이나 소리, 냄새, 맛 촉감, 법 어디에도 들어가지 않기 때문에 수다원이라고 단지 부를 뿐입니다."

"수보리야, 어떻게 생각하느냐? 사다함의 경지에 이른 사람이 '나는 사다함의 성취를 이루었다.'라는 생각을 하겠느냐?"

"아닙니다, 세존이시여. 왜냐하면 사다함은 인간 세계에 다시 한 번 갔다 온다는 뜻이지만 실은 오고 감이 없기에 사다함이라고 이름 부를 뿐입니다."

"수보리야, 어떻게 생각하느냐? 아나함의 경지에 이른 사람이 '나는 아나함의 성취를 이루었다.'라는 생각을 하겠느냐?"

"아닙니다, 세존이시여. 왜냐하면 아나함은 인간 세계에 다시는 오지 않는다는 뜻이지만 실은 오지 않은 적도 없기에 사다함이라고 단지 부를 뿐입니다."

"수보리야, 어떻게 생각하느냐? 아라한의 경지에 이른 사람이 '나는 아라한의 성취를 이루었다.'라는 생각을 하겠느냐?"

"아닙니다, 세존이시여. 왜냐하면 실제로 아라한이라고 할 만한 어떤 정해진 법이 없기 때문입니다. 세존이시여, 만약 아라한이 '나는 아라한의 지위를 성취했다.'라는 생각을 한다면 이는 곧 나와 남과 중생과 수명에 집착하는 것입니다.

세존이시여, 부처님께서는 저를 '다툼(갈등)이 없는 고요한 삼매를 얻은 사람 가운데 가장 뛰어나다.'라고 말씀하셨습니다. 이는 욕망을 벗어난 아라한 가운데 가장 으뜸이라는 뜻입니다. 그러나 세존이시여, 저는 스스로 욕망을 벗어난 아라한이라는 생각을 하지 않습니다.

만약 제가 '나는 아라한의 지위를 성취했다.'라고 생각한다면 부처님께서 '수보리는 다툼이 없는 삼매를 얻어 고요한 삶(阿蘭那行, 아란나행)을 누리는 사람'이라고 말씀하지 않았을 것입니다. 수보리가 실로 그런 생각을 하지 않았기 때문에 수보리는 '다툼이 없는 깊은 삼

매를 얻어 고요한 삶을 누리는 사람'이라고 부처님께서 말씀하신 것
입니다."

여기 9장은 수행자들이 열심히 정진했을 때 도달하는 네 가지 수준
의 경지를 말하고 있다. 수행이 깊어지면 수다원, 사다함, 아나함, 아
라한의 네 단계 경지에 차례로 도달하게 된다.

그런데 중요한 것은 자신이 그런 지위에 올랐다는 상(생각)을 내지
않아야 그 단계에 진정으로 들 수 있다는 점이다. 어떤 단계에 들든
'나'라는 상이 없어야 하며 자신이 어떤 경지에 올랐다고 내세우거나
스스로 분별심을 내지 않아야 한다.

만약 노벨상 수상자가 스스로 대단하다고 자랑한다면 사람들이 겉
으로 말은 하지 않아도 비웃게 여길 것이다. 하물며 성인의 경지에 들
어온 사람이 "내가 수다원이 되었으니 내 수행이 대단한 경지요."라고
말한다면 그를 믿고 존경하는 마음이 생기지 않을 것이다. 참으로 성
인의 반열에 도달한 사람이라면 아무런 상이 없고 자연스럽게 자신의
경지를 펼치기 때문에 저절로 빛날 따름이다.

그러면 수행단계에 따라 네 수준으로 분류한 성인 4과(果, 수행의 결
과)에 대해 살펴보자.

첫 번째 수다원의 경지다. 입류(入流) 또는 예류(預流)라고 하는데, 성
자의 흐름에 처음 들어간 수행자를 말한다. 번뇌와 습관이 아직 사라

지지 못하고 남아 있지만, 무아의 경지를 체득한 수행자다. 수다원이 되면 아라한으로 가는 경지에 본격적으로 진입한 상태라고 한다. 그렇지만 아직 여러 생에 쌓인 감정과 습관의 번뇌가 남아 있어서 죽은 후에 많으면 일곱 번까지 욕계 인간 세상에 다시 태어난다. 인간 세상에 와서 열심히 수행한 후에 색계 이상의 천상 세계로 태어나는데, 만약 인간으로 다시 왔을 때 열심히 수행하지 않으면 도리어 후퇴할 수 있다고도 한다.

두 번째 사다함의 경지다. 일왕래(一往來)라 하여 죽은 후 다음 생에는 한 번만 더 욕망이 지배하는 욕계 세상에 태어난다. 욕계에 한 번 더 태어나서 그동안 조금이라도 남아 있는 욕망이나 분노심을 완전히 제거하는 수행을 해야 한다. 그런 다음에야 욕망을 벗어난 색계 세상에 태어나고 마침내 아라한이 되는 과정으로 나아간다.

세 번째 아나함의 경지다. 불래(不來)라 하여 더 이상 욕계에 태어나지 않는 단계다. 욕망의 번뇌를 완전히 벗어났기 때문에 다음 생에는 바로 정신세계인 색계나 무색계 천상에 태어나고 거기서 더욱 정진해 바로 아라한이 되는 단계다.

네 번째 아라한의 경지다. 번뇌가 모두 사라지고 완전히 깨달아 다시는 윤회하지 않고 몸과 마음이 고요한 적멸의 경지에 든 성자를 뜻한다. 그래서 아라한이 된 수보리는 갈등과 다툼을 여의고 고요한 삼매를 누리는 최고의 경지에 이르렀다. 초기 불교 경전인《잡아함경》

에는 다음과 같은 아라한의 노래가 있다.

"나의 삶은 이제 다 끝났다.
고결한 삶도 완성되었고
할 일을 다 이루었으니
앞으로 다시는 태어나지 않을 것을
나는 스스로 아노라."

삼계는 욕계, 색계, 무색계를 뜻하는데 각기 차원이 다른 여러 세계를 세 수준으로 나눈 것이다. 생명의 세계를 구성하는 삼계는 올라갈수록 육체의 구속을 벗어나 정신적으로 고결해지는 세계가 된다. 해탈을 아직 이루지 못한 모든 중생은 자기의 수행 수준에 따라 삼계의 어딘가에 속한다.

수행이 낮은 단계인 욕계(欲界)는 아직 물질적 욕망이 남아 있는 인간계를 포함해 모두 11천으로 이루어져 있다. 중간 단계인 색계(色界)는 18천, 높은 단계인 무색계(無色界)는 4천으로 이루어져 모두 합하면 삼계는 33천으로 되어 있다.

보신각에서 새해 타종식을 할 때 서른세 번을 치는 것이나 3 · 1 독립선언문에 민족대표가 33인으로 구성된 것도 이런 불교의 33천 하늘 개념과 통한다.

우리에게 많이 알려진 도솔천은 욕계의 네 번째 하늘인데, 미륵보살이 미래에 부처로 오시기 전에 살고 있는 미륵 정토이다. 석가모니불도 이 도솔천에 있다가 인간 세상에 태어났다고 한다. 욕계는 33천 가운데 가장 낮은 수준인 지옥, 아귀, 축생 같은 고통스러운 세계를 포함하지만, 인간계 이상의 욕계 천상은 안락과 고귀함도 누릴 수 있는 곳이다.

삼계의 특징을 살펴보자. 먼저 욕계는 몸과 정신이 있고 암수의 성이 있고 욕망이 중심이 되는 세상이다. 인간 세상은 대표적인 욕계 세상이다. 색계는 몸과 정신이 아직 있지만, 성욕 식욕 같은 본능적 욕망을 벗어난 세계이기 때문에 형체(色)의 세계다. 무색계는 몸도 없고 욕망도 없으며 형체를 떠난 오직 정신만 남은 세계다. 삼매의 황홀감 같은 정신적 경지로만 사는 세계다.

하지만 윤회의 사슬을 완전히 끊지 못했다는 면에서 욕계, 색계, 무색계는 공통적이다. 욕계는 말할것도 없고 아무리 정신적으로 높은 무색계라 할지라도 아직 해탈하지 못한, 그래서 궁극적으로 괴로운 윤회의 세계다.

수다원에서 아라한까지 성인 4과를 구분할 때는 욕계를 벗어나 색계 이상에 오르는 시기가 언제인가에 따라 정해진다고 한다. 아라한이 되면 무색계를 넘어 개인의 해탈 열반을 완성한 상태다. 하지만 아라한도 여러 수준이 있어서 개인의 해탈에 만족하고 거기 머물고자 하는 소승불교의 아라한은 여전히 한계가 있다.

윤회의 굴레를 완전히 벗어나 가장 높고 바른 깨달음의 경지에 이른 석가모니 부처님은 대아라한이다. 부처님을 인천(人天, 인간계와 천상계)의 스승, 삼계(三界)의 도사(導師, 스승)라고 한다. 그 까닭은 해탈을 이루어 이미 자유자재하시지만 홀로 삼계를 벗어남에 만족하지 않고, 삼계에서 여전히 고통받고 헤매는 중생들을 지혜와 자비로써 제도하시기 때문이다.

자기 해탈를 넘어 중생 구제라는 대승의 더 큰 길로 나서야 진정한 부처의 길로 가는 것이다. 대승 보살은 고해에 허덕이는 뭇 중생들을 버려두고 홀로 열반의 안락을 누리기를 거부한다. 그것이 보살도이다. 보살은 해탈의 저 언덕으로 자유롭게 건너갈 수 있는 수행 수준에 도달해도 이를 유보하고 뭇 중생들과 함께 가기 위해 다시 사바세계를 선택해서 돌아온 존재들이다. 보살은 육바라밀을 계속 닦으며 뭇 중생을 구제하기 위해 팔정도를 펼치고 모두 함께 성불하도록 이끈다.

여기서 아라한, 부처, 보살의 개념을 정리해 보자.

깨달음이란 삶과 죽음을 초월하여 반야의 대지혜가 완전히 열린 것이다. 다시 말해 우주의 진리를 스스로 증득(證得)한 것이다. 깨달음을 이룬 후 그대로 이승을 떠나 홀로 열반락(涅槃樂)을 택하면 소승의 아라한이다. 대지혜가 열린 후 수많은 제자를 두고 후세에도 영향력이 크다면 지혜와 복덕을 모두 갖춘 부처로 불린다.

반면에, 깨달았지만 이승을 떠날 때 다시 태어나 중생을 위한 일을 하겠다고 발원하면 보살이다. 보살은 아라한이나 부처와 같이 완전한 열반인 적멸의 경지에 들지 않고 다시 사바세계로 돌아와 중생 가운데 머문다. 그래서 보살을 깨우친 중생이라고 한다.

　우리나라에는 자비를 상징하는 관세음보살이 인기가 높지만, 중국에는 지옥 중생들을 구제하는 지장보살이 널리 사랑받고 있다. 그러므로 깨달음을 이룬 훌륭한 수행자들 가운데는 부처도 있고, 아라한도 있고, 보살도 있다. 용과 뱀은 함께 산다고 하듯이 보살과 중생은 함께 살면서 성불을 향해 함께 나아간다.

10

장엄정토분 莊嚴淨土分
(정토를 장엄하게 이루다)

부처님께서 수보리에게 말씀하셨다.

"수보리야, 어떻게 생각하느냐? 여래가 옛날에 연등부처님 처소에 계실 때 깨달음을 얻었다고 하는데 과연 여래는 깨달음을 얻은 일이 있느냐?"

"없습니다, 세존이시여. 여래는 연등부처님 처소에 계실 때 실제로 법을 얻은 일이 없습니다."

"수보리야, 어떻게 생각하느냐? 보살이 부처님의 나라(불토, 佛土)를 훌륭하고 장엄하게 꾸민 적이 있느냐?"

"없습니다, 세존이시여. 왜냐하면 부처님의 나라를 장엄하게 꾸민 다는 것은 어떤 겉모습으로 꾸미는 것이 아니기 때문에 단지 장엄하다고 이름한 것입니다."

"그러므로 수보리야, 모든 보살마하살은 이와 같이 청정한 마음을 내야 하며 어떤 모양에도 머물지 않고 소리, 냄새, 맛, 촉감, 법에도 머물지 않고 수행해야 할 것이다. 그 어디에도 머물거나 집착함이 없이 늘 새롭게 마음을 내야 하느니라.

수보리야, 비유컨대 어떤 사람의 몸이 수미산(세계의 중심으로 상상하는 최고의 산)만 하다면 어떻게 생각하느냐? 그 몸이 과연 크다고 할 수 있겠느냐?"

"참으로 큽니다, 세존이시여. 왜냐하면 부처님께서 말씀하신 큰 몸이란 실제 몸이 아니며 큰 몸이라고 단지 이름 부른 것이기 때문입니다."

여래가 연등부처님 처소에서 깨달음을 얻는 장면은 석가모니 부처님의 전생 이야기에 나오는 일화인데 대략 이런 내용이다.

"석가모니 부처님은 전생에 수메다라는 청년으로 거룩한 부처가 되고자 열심히 고행을 하고 있었다. 어느 날 연등부처님이 그 도시를 방문하신다는 이야기를 듣고 부처님께 공양을 올리기 위해 가진 돈을 모두 털어 한 바라문 아가씨로부터 연꽃 다섯 송이를 샀다.

그리고 여래가 지나가시는 길에 그 연꽃을 뿌렸는데 신기하게도 꽃들이 땅에 떨어지지 않고 허공에 둥둥 떠올라 가시는 길을 장엄하게 꾸몄다. 연등부처님은 허공에 떠 있는 꽃들을 신통력으로 잡아 자신의 머리에 장식했다. 이를 본 수메다는 너무나 기뻐서 여래의 발 앞에 엎드려 자기의 옷을 벗어 바닥에 깔고 그 위에 자신의 머리카락을 풀어 여래의 맨발에 흙이 묻지 않도록 길을 만들었다.

이 광경을 보신 연등부처님은 수메다에게 장차 자신과 같은 부처가 되어 '석가모니'로 불리게 될 것이라고 수기(授記)를 주셨다."

수기는 미래에 깨달음을 성취하리라 약속하고 예언하는 것이다. 미래에 부처가 될 거라는 일종의 보증인 셈이다. 오늘날 부처님 탄신일에 사찰마다 색색깔의 연등을 높이 다는데, 이는 수메다의 연꽃 공양에서 비롯됐다는 말이 있다.

10장에서 부처님은 수보리에게 자신의 전생 이야기를 언급하면서, 수메다는 연등부처님으로부터 수기를 받았는데 그때 과연 무엇을 얻었던 것이냐고 질문하셨다. 이에 수보리는 아무것도 얻은 것이 없다고 대답한다.

공(空)이라는 근본 원리에 기초해 수보리는 수메다가 비록 깨달음의 법을 받았다 해도 실제로 얻은 것은 없다고 답한 것이다. 깨달음을 얻었다는 상이 있고 깨달았다는 징표를 내세우는 한 진정한 깨달음이라고 볼수 없기 때문이다.

《금강경》에는 "왜냐하면 ~는 ~이 아니며 단지 ~라고 부르는 것이다."라는 부처님의 말씀이 자주 등장한다. 이 장에서도 그런 표현이 여러 번 나왔다. 연등부처님으로부터 법을 받아도 실제로 받은 것이 없고, 불국토를 장엄하게 꾸민다 해도 실제로 꾸민 것이 아니며, 수미산만큼 큰 몸이라 해도 실제 큰 몸이 아니며 단지 그 이름일 뿐이라는 것이다.

'A는 실제로 A가 아니고 그 이름이 A일 뿐이다.'라는 말은 한자 원문에 '즉비(卽非)…시명(是名)'으로 쓰였다. 이런 표현은 "수보리야" 하고 여래가 제자를 부르는 만큼이나 자주 나오는 금강경 특유의 설명법이다. '~라고 이름 부를 뿐이다.'는 말하자면 'A는 실제 A가 있는 것이 아니고 그 이름이 A이다.'라는 말이다.

왜 금강경은 이런 표현 방식을 반복해서 쓰고 있을까. 그것은 바로 '만물의 근원은 공(空)'이라는 진리를 가르치기 위해서다.

반야 사상의 핵심을 담은 《반야심경》에는 '시제법공상(是諸法空相)'이라는 구절이 있다. 제법(諸法)은 '세상에 존재하는 모든 것들'을 말하는데 그것은 본래 다 텅 비어 있어서 실체가 없다는 것이다. 세상의 어떤 것들도 그것(자신)이라고 딱히 정할 수 있는 실체가 없다. 시시각각 변화하는 것들만이 있을 뿐 '이것이다.' 하고 딱 붙잡을 수 있는 것은 세상 어디에도 없다. 다시 말해 모든 법은 다 공(空)하다.

《반야심경》은 비록 짧은 경전이지만 무(無)의 대잔치라고 할 만큼 무(無)로 가득 차 있다. 오온(五蘊, 생명을 구성하는 다섯 요소: 색수상행식), 사성제(四聖諦, 네 가지 성스러운 진리: 苦集滅道), 무명(無明), 육근(六根, 눈, 귀, 코, 혀, 몸, 뜻의 여섯 감각기관), 육진(六塵, 모양, 소리, 냄새, 맛, 촉감, 마음)… 모든 것을 다 '없다'는 의미에서 무(無)라고 말한다. 불교에서 무(無), 공(空), 비(非)는 모두 같은 의미로 '없음', '텅 빔'을 의미한다. 그래서 '색즉시공(色卽是空) 공즉시색(空卽是色)'으로 말했다.

우리가 보는 세상 모든 것들은 본래 다 텅 비었다. 실상은 없다(空). 하지만 일상의 삶에서는 있다(色). 그래서 색과 공은 같은 것이며 '없고도 있으며 있고도 없기' 때문에 진공묘유(眞空妙有, 본래 비었으나 묘하게 존재한다)라는 표현으로 그 이치를 설명한다.

금강경도 반야부 경전이기 때문에 비록 '공'이라는 말이 경전에 한 번도 나온 적이 없지만 공 사상을 기본으로 담고 있다. 《반야심경》의 무(無) 또는 공(空)은 《금강경》에도 그대로 나온다. 근본적인 '공'의 이치에 바탕을 두어야만 금강경의 수사법인 '즉비(卽非)…시명(是名)'을 이해할 수 있다. 본래 그것이라 할 실체는 없으며 단지 실체가 있는 것처럼 그렇게 이름 부른다는 뜻이다.

그런데 불교는 공 사상이라는 말을 우리는 종종 듣지만 정작 '공'의 의미를 깨닫기는 쉽지 않다. 그래서 공을 아무것도 없다는 말로 오해하여 불교를 허무주의다, 불가지론이다, 비관론이다 하면서 엉뚱하게 비판하는 사람들도 많다.

하지만 공은 아무것도 없다는 말이 아니라 고정된 실체가 없다는 말이다. 우리가 살고 있는 우주는 그리고 우주를 구성하는 모든 유정(有情, 생물) · 무정(無情, 무생물)들은 끊임없이 변하며 서로 연관되어 끊임없이 화합하고 흩어지는 것들이다. 그러므로 이것이다라고 규정할 수 있는 고정된 것은 이 세상에 아무것도 없다. 모든 것은 고정된 실체가 없는 일시적인 가유(假有, 임시로 잠시 존재함)로 존재한다.

가유의 존재라 하더라도 현실에서는 존재들이 분명히 살아가고 있다. 만물은 서로 연관되어 부단히 작동하며 서로 관계가 형성되고 상호 소통이 필요하다. 따라서 사회는 온갖 만물에 이름을 부여하고 이름에 따라 그 존재를 서로 상정한다.

《금강경》에 계속 나오는 '즉비…시명(是名)'은 이런 맥락에서 이해해야 한다. '~라는 실체는 없지만 ~라고 이름을 부르는' 사회 원리를 가리키는 것이다. 《팔만대장경》에 그렇게 수많은 말이 기록되어 있지만 말(이름)은 수단으로 사용했을 뿐, 그것이 실상이 아님을 알아야 한다.

어떤 존재나 행위에 대해 언어를 사용해서 그 이름을 짓고 이름을 부르는 일은 사회가 유지되고 소통하기 위해서 반드시 필요하다. 언어를 통하지 않고는 소통할 수 없기 때문이다. 하지만 말(이름) 자체가 본질이 아니므로 세계의 실상과 그 이름을 서로 혼동하지 말아야 한다.

독일 철학자 하이데거는 "언어는 존재의 집이다." "인간은 언어의 집 속에서 산다."라고 말했다. 인류의 역사는 어떤 면에서 언어의 역사라고 할 수 있다. 사람들이 사회에서 생존하려면 의사소통이 필수이므로 언어를 사용해야 한다. 무엇에 해당하는 것의 이름(언어)을 짓고 그 이름으로 불러야 사회가 유지된다.

콜럼버스가 대서양을 건너서 처음 만난 땅을 아메리카 대륙이라고 이름 부르지 않았다면 아메리카 대륙이라는 땅은 오늘날 지도 위에 없을지도 모른다. 사랑과 미움의 감정을 느낀다 해도 사랑과 미움이라는 이름으로 부르지 않았다면 그것이 사랑인지 미움인지 모를 것이다.

어떤 의미 있는 것을 서로 인식하고 사용하기 위해서는 그 이름을 짓고 서로 그 이름을 부를 때 비로소 의미가 작동한다. 그래서 이름(말, 언어)은 어떤 것이 존재하도록 집을 만드는 일이며 그것이 어떤 존재인지 알려 주는 기호가 된다.

그런데 존재와 이름의 관계를 보면 따로따로 지어진 각각의 이름처럼 존재도 그렇게 각각 나뉘는 건 아니다. 크다, 작다라는 이름은 있지만, 그 존재에는 경계가 없다. 작은 집이 없으면 어떤 집을 큰 집이라 할 것인지 정할 수 없고 예쁜 사람이라고 정하지 않으면 못난 사람을 정할 수 없다. 이것이 없으면 저것이 없는 연기법(緣起法)으로 세상이 돌아가기 때문이다.

이 장의 끝에 "큰 몸이라는 실상이 있는 게 아니라 그냥 큰 몸이라고 이름 부른다."라고 했다. 크다, 작다는 어떤 절대 기준이 아니고 상대적인 이름이다. 그래서 큰 몸이란 작은 몸에 비해 크다는 말(이름)이지 절대적인 어떤 큰 몸이 따로 있지 않다. 아무리 큰 몸도 더 큰 몸이 오면 작은 몸이 되고 아무리 작은 몸도 더 작은 것이 오면 큰 몸이 된다. 이렇듯 이름은 무엇을 지칭하는 도구일 뿐 존재의 실체가 아니라는 사실을 분명히 알아야 금강경의 '즉비…시명'의 논리를 이해할 수 있다.

다시 예를 들어 수평선을 생각해 보자. 하늘과 바다를 가르는 경계가 수평선이다. 그런데 수평선이라는 말은 있지만, 수평선이라는 실체는 어디에 있을까. 그 선을 끝까지 파고 들어가 보면 어디까지가 하늘이고 어디부터 바다인지 나눌 수 없다. 무한히 나누면 나눌수록 그 경계는 더욱더 희미해지고 사라져 버린다. 사실 수평선은 소통을 위해 만들어 낸 이름일 뿐 실제로는 없다. 그러므로 이름으로 부르는 것과 그 실체는 다르다는 가르침이 《금강경》의 '즉비…시명'이며 불교의 공 사상이다.

이런 공 사상은 현대 우주과학에서도 똑같이 말한다. 유명한 《코스모스》의 저자 칼 세이건은 "우주가 주로 무(無)로 이루어져 있으며, 따라서 뭔가가 있다는 것이 오히려 예외라는 점"을 강조하면서 "아무것도 없는 빈 공간에 어둠만 있는 우주에서는 오히려 무(無)가 원칙"이라고 말하고 있다. 인간이 상상도 할 수 없는 광활한 우주가 얼마나 텅 빈 공간인지는 이미 여러 과학자들이 언급했다.

하지만 이런 '텅 빔(공)'은 아무것도 없는 허무주의가 아니라는 데 그 핵심이 있다. 공에 대한 진정한 이해는 상견(常見, 항상 있다는 생각)도 단견(斷見, 아무것도 없다는 생각)도 벗어나야 가능하다. 〈티베트 사자의 서〉

에서는 비어 있음을 이렇게 말한다.

"텅 빔은 아무것도 존재하지 않는 텅 빔이 아니라 그대의 마음이 선명하고 밝게 빛나는 참 본성을 지닌 텅 빔이다. …이 텅 빈 것을 본래의 몸(법신, 法身)이라고 한다. 텅빈 세계는 본래 밝은 것이고 밝은 것은 본래 텅 빈 성질을 갖고 있어서 밝음과 텅 빔은 분리할 수가 없다. 그것은 원초적이고 순수한 마음 상태다."

결국 공이란 텅 비어 아무것도 없는 허무가 아니라 텅 비어 가득한 충만이다. 무엇이든 생성 소멸할 수 있는 존재의 바탕이며 순수하고 밝은 창조적 본성이며 밝게 빛나는 마음이다.

하지만 공은 학문이나 지식으로 공부해서 이해할 수 있는 성질이 아니다. 오직 수행을 통한 깨달음의 경지에서만 증득할 수 있는 심오한 영역이 공의 세계임을 잊지 말아야 한다.

11

무위복승분 無爲福勝分
(무위의 복이 가장 뛰어나다)

"수보리야, 어떻게 생각하느냐? 갠지스강의 모래알 수만큼 많은 갠지스강들이 있다고 하자. 그 수많은 갠지스강들의 모든 모래알은 과연 그 수가 얼마나 많겠느냐?"

수보리가 대답했다.

"매우 많습니다, 세존이시여. 그 모든 갠지스강들만 해도 헤아릴 수 없이 많은데 하물며 그 모래알 수야 어찌 말할 수 있겠습니까?"

"수보리야, 진실로 이르노니 선남자 선여인이 그 수많은 갠지스강들의 모래알 수만큼이나 많은 삼천대천 세계를 다 채울 만큼 수많은 칠보로써 보시한다면 그 복덕이 많겠느냐?"

"매우 많습니다, 세존이시여."

부처님께서 수보리에게 말씀하셨다.

"하지만 만약 선남자 선여인이 이 경전 가운데 네 구절의 게송만이
라도 받아서 지니고 다른 사람들에게 그 뜻을 일러 준다면 그 복덕은
수많은 칠보로써 보시한 복덕보다도 훨씬 더 클 것이다."

제목에 보이듯 이 장은 무위복(無爲福)이 가장 뛰어나다고 말한다.
무위복이란 말 그대로 '하는 것이 없는 복덕'이다. 세간에서는 많은 재
산과 높은 지위와 명예 따위를 누리면 복이 많다고 하는데, 그런 복은
'하는 것이 있는 복', 다시 말해 '유위복(有爲福)'이다. 재산과 지위를 갖
고자 여러 가지 노력의 결과로 얻어 낸, 한 것이 있는 복이다. 유위복
이 나쁘다고 할 수 없으며 오히려 세간에서는 존경과 부러움을 살 일
이지만 '오염된 복' 즉 '탁복(濁福)'이라 한다.

반면에 수행자의 복은 '맑고 깨끗한 복' 곧 '청복(淸福)'이라고 한다.
물질이나 명예 같은 세속적인 복락을 초월하여 깨달음의 진리에 가까
이 가는 복이기 때문이다. 탁복이 아무리 많다 해도 그리고 탁복을 아
무리 세상에 많이 나누어 준다 해도 청복과는 견줄 수가 없다. 비록
세속에서 가난하고 보잘것없는 지위에 있는 사람이라 해도 진리를 깨
달아 생사를 해탈하는 청정한 복을 누린다면 그런 무위복은 세상에서
가장 훌륭하고 뛰어나다고 말하고 있다.

불교에서는 이 광활한 우주를 삼천대천 세계라고 말한다. 삼천대천
세계는 너무도 엄청난 크기라 우리의 상상을 초월한다. 현대과학은

태양계와 같이 여러 행성을 거느린 별들의 세계가 우주에 얼마나 많은지 밝혀냈지만 고대 인도에는 과학적으로 알기는 힘들었을 것이다.

고대 인도식 비유에 따르면 가장 많은 수를 갠지스강의 모래알 수만큼 많다고 한다. 인도인들에게 신성한 갠지스강의 모래 알갱이들은 그 수를 가늠할 수 없는 무한대였다. 그런데 모래알 수만큼 많은 갠지스강들이 있고 그 모든 모래알 수라니 도저히 숫자로 가늠이 안 되는 것이 삼천대천 세계요, 광활한 우주다.

초기 불교 경전에는 삼천대천 세계를 부처님께서 다음과 같이 말씀하신다.

"아난다여, 해와 달이 운행하며 광명을 비추는 곳까지 그 천 배가 하나의 세계이다. 그 가운데는 천 개의 달, 천 개의 해, 천 개의 수미산왕… 천 개의 축복을 받는 신들의 하늘나라… 천 개의 하늘 세계가 있다. 이것을 소천 세계라 한다.

아난다여, 소천 세계의 천 배가 중천 세계다. 또 중천 세계의 천 배의 세계가 있는데 이것을 삼천대천 세계라고 한다. 아난다여, 여래는 원한다면 목소리를 내어 삼천대천 세계에 원하는 데까지 전할 수 있다."

지구가 속한 태양계 같은 행성 집단을 천 개 합하면 소천 세계, 소천 세계를 천 개 합하면 중천 세계, 중천 세계를 천 개 합하면 대천 세계라고 부처님이 제자 아난에게 하신 설명은 가히 놀랍다. 삼천대천 세계는 고대 인도의 과학 수준으로서는 사실 알 수도 셀 수도 없는 무한한 개념이다. 그래서 이런 엄청난 이야기를 하는 부처님을 세상에서 최고 허풍쟁이라고 놀리는 사람까지 있었다.

하지만 우주가 헤아릴 수 없이 거대함을 이미 석가모니 부처님은 간파하고 있었다. 삼천대천 세계라는 표현은 공허한 상상이나 허풍이 아니다. 오늘날 천문학자들은 우리 지구가 속한 태양계와 같은 별이 약 천억 개 정도 있는 은하가 전체 우주에 또 천억 개 이상 존재한다고 말한다. 현대과학으로 볼 때 부처님의 혜안은 정확하다. 이천육백여 년 전 우주 과학이 발달하지 못했던 시절에 부처님은 어찌 알고 그렇게 정확하게 우주의 규모를 표현했는지 놀라울 따름이다.

그런데 그 광활한 삼천대천 세계를 다 채울 만큼 수많은 귀한 보물로 세상에 보시한다면 그 복덕은 수보리의 대답처럼 참으로 엄청날 것이다. 세계적인 부호 빌 게이츠가 세계에 기부한 막대한 금액과 그가 받는 칭송과 찬사를 보면 조금이나마 짐작할 수 있다. 하지만 그런 재물 보시는 아무리 많이 해도 탁복이며 유위복이다.

《금강경》을 읽고 수행하면서 사구게라도 사람들에게 말해 주고 불법의 진리를 함께 닦는 복은 어떤 재물 보시하고도 비교가 안 되는 무량 복덕이다. 참된 복은 스스로 진리에 눈뜨고 나아가 무명 중생들이 깨달을 수 있도록 이끌고 도와주는 데 있다. 수많은 재물 보시로 복을

쌓는 것이 아니라《금강경》사구게 한 구절이라도 사람들에게 들려주
는 것이 이 세상에서 가장 큰 복이며 진정한 복덕이라고 한다.

12

존중정교분 尊重正教分
(바른 가르침을 귀하게 받들다)

"또한 수보리야, 이 경전의 말씀을 따르고 네 구절의 게송만이라도 사람들에게 전해 준다면, 그곳이 어디이든 세상의 모든 천신과 인간과 아수라들이 마치 부처님의 탑이나 사찰처럼 받들어 공양 올리는 곳임을 마땅히 알아야 한다.

하물며 이 경전을 받아서 지니고 열심히 독송하는 사람이라면 더 말할 나위가 있겠느냐? 수보리야, 이런 사람은 세상에서 가장 뛰어나고 귀한 법을 성취할 것임을 마땅히 알아야 한다. 만약 이 경전이 있는 곳이라면 그곳이 바로 부처님과 훌륭한 제자들이 계신 곳이니라."

《금강경》의 가르침을 듣고 배우는 기회를 아무나 얻는 것은 아니다. 사람으로 태어나기도 어렵지만, 사람으로 태어나도 불법과 인연을 맺기는 더 어렵다. 어렵사리 불자가 되었다 해도 《금강경》을 이해하고 받들어 정진하는 사람은 매우 귀하고 드문 인연에 속한다. 그러므로 《금강경》의 사구게라도 주변 사람들에게 들려주면 사람들이나 천신, 아수라까지도 모두 엎드려 절을 하고 공양을 올릴 만큼 귀하고 소중한 일이라는 것이다.

불교에서는 우주를 삼계(욕계, 색계, 무색계)로 나눈다. 육도윤회에서 육도는 욕망이 남아 있는 단계인 욕계에 속한다. 우리는 각자 지은 업(業)에 따라 육도를 윤회한다. 육도는 신들이 사는 천상 세계, 인간이 사는 세계, 전쟁이 끊이지 않는 아수라 세계, 고통의 극치인 지옥 세계, 목마름과 배고픔이 가득한 아귀 세계, 그리고 출생의 세계다. 지옥, 축생, 아귀, 아수라, 인간, 천상 이렇게 여섯 세계를 각자 지은 선업(善業)과 악업(惡業)에 따라 돌고 도는 것이 육도 윤회다.

그런데 불교에서 신(神)들이 사는 천상 세계는 기독교의 천국과는 다르다. 불교에서 신은 어떤 전지전능한 절대자를 말하는 것이 아니다. 오히려 불법을 받들고 지키겠다고 맹세하는 호법신(護法神)으로서 부처님과 그 세계를 보필하다가 다음 생에는 성불하여 해탈하기를 고대하는 중생들이다.

불교의 신들은 여러 종류의 하늘 세계에서 다양한 모습으로 존재한다. 예를 들어 하늘의 옥황상제나 바다의 용왕이 불교의 신들이다. 신들의 무리를 신중(神衆)이라고 하는데, 사찰에는 부처님과 보살님을 지키는 수호신으로 대웅전이나 여러 전각에 신중도를 모시고 있다. 신중은 복을 많이 지어 천상에 태어났지만, 윤회의 굴레를 완전히 벗어나지 못했기 때문에 여전히 중생으로서 부처님과 같은 깨달음을 얻고 해탈을 이루고자 갈망한다. 그래서 부처님은 인간뿐 아니라 천신들에게도 가르치고 일깨움을 주는 인천(人天)의 스승이다.

아수라는 우리가 자세히 몰라도 종종 들어 본 이름이다. 어떤 곳이 난장판이 되면 '아수라장이 되었다.'라고 말하듯이 아수라는 혼돈과 폭력의 세상을 의미하고 보통 악한 세상을 상징한다.

지옥부터 천상까지 아우르는 육도는 윤회의 바탕이다. 깨닫지 못한 중생은 고통과 쾌락 사이를 왔다 갔다 하면서 윤회를 반복하는 굴레를 덮어쓰고 있다. 육도 윤회를 벗어나 부처님과 같은 해탈의 저 언덕으로 가고자 한다면《금강경》을 믿고 받들고 그에 따라 계속 수행해야 한다.

금강경을 수지독송하면 '세상에서 가장 뛰어나고 귀한 법'을 성취할 것이라고 이 장의 끝에 말하고 있는데, 그 뛰어나고 귀한 법이란 바로 불법(佛法)이다. 불법의 핵심은 '중도(中道)'라 할 수 있다. 중도란 '어떤 것의 가운데 길'이라는 뜻이지만 물리적인 중간이나 서로 한 걸음씩 물러나는 어중간한 타협을 말하는 게 아니다.

중도는 양극단으로 나누는 이분법과 시비 분별을 벗어난다는 뜻이다. 우리의 인식은 대부분 양극단의 이분법으로 만들어진다. 옳다/그르다, 착하다/악하다, 우수하다/열등하다, 아름답다/추하다, 밉다/곱다 등. 그러나 이분법으로 나누는 기준은 지극히 자의적이고 상대적인 것이다. 작은 것이 있어야 큰 것이 있지 절대적으로 작은 것은 없듯이 이분법적 시각으로는 실상을 볼 수 없고 진리와 멀어진다.

그러므로 이분법을 벗어난 중도의 원리는 연기적 세계관이다. 연기(緣起)는 '의존적 발생'이라는 뜻인데, 모든 존재는 연결되어 있고 인연과 조건에 따라 일시적으로 발생하고 사라짐을 반복한다는 것이다. 잘났다는 생각을 조건으로 삼아야 못났다는 생각이 일어나고 조용하다는 기준이 있어야 시끄럽다는 불평이 나온다. 각자의 생각에 따라 같은 사건이 행이 될 수도 있고 불행이 될 수도 있다.

이렇게 세상만사는 고정된 실상이 없다. 큰 방은 작은 방이 있기에 크고, 좋다는 마음이 있기 때문에 싫다는 마음도 일어난다. 오직 조건에 의존해 생기고 사라지고 하는 연기적 관계가 있을 뿐이다. 이런 연기법과 중도의 진리를 불경이 가르쳐 주므로 《금강경》이 있는 곳은 진리를 가르치는 부처님과 그 제자들이 계신 곳이나 마찬가지라고 표현했다.

그런데 《금강경》이 있는 곳이라는 말을 오해하면 곤란하다. 단지 흰 종이에 까만 글씨가 적힌 종이책이 있는 그 자리를 말하는 것이 아니다. 《금강경》을 진심으로 읽고 믿고 받들면서 그 가르침에 따라 정진하는 곳이야말로 경전이 있는 곳이며 부처님과 그 제자들이 함께 있는 곳이다. 《금강경》은 최상의 수행자들에게 부처님과 같은 깨달음을 가져다줄 인도자가 될 것이다. 12장은《금강반야바라밀경》이 지닌 불가사의한 위력과 그 실천 수행의 공덕이 얼마나 대단한지 새삼 강조한 장이다.

13

여법수지분 如法受持分
(법을 법답게 받아 지니다)

이때에 수보리가 부처님께 여쭈었다.

"세존이시여, 이 경전은 무엇이라 불러야 하며 저희들이 어떻게 받들고 지녀야 하겠습니까?"

부처님께서 말씀하셨다.

"이 경전은 금강반야바라밀경이라고 하며 이 이름으로 받들고 지녀야 할 것이다. 왜냐하면 내가 말한 반야바라밀이란 어떤 실체가 있는 반야바라밀이 아니기에 반야바라밀이라고 이름 부르는 것이다. 수보리야, 어떻게 생각하느냐? 여래가 법을 설한 일이 있느냐?"

"세존이시여, 여래는 법을 설하신 일이 없습니다."

"수보리야, 어떻게 생각하느냐? 삼천대천 세계를 가득 채운 티끌들이 과연 많다고 할 수 있겠느냐?

"참으로 많습니다. 세존이시여."

"수보리야, 이 모든 티끌들을 여래는 어떤 실체가 있는 티끌이라고 보지 않았고 단지 그 이름을 티끌이라 부를 뿐이다. 여래가 말씀하신 세계도 역시 실제로 있는 세계가 아니기 때문에 단지 세계라고 부르는 것이다. 수보리야, 어떻게 생각하느냐? 서른두 가지 모습을 통해 여래를 볼 수 있겠느냐?"

"아닙니다. 세존이시여. 서른두 가지 모습으로 여래를 본다면 참다운 여래를 볼 수 없습니다. 왜냐하면 여래가 말씀하신 서른두 가지 모습이란 참모습이 아니기 때문에 단지 그렇게 이름 부른 것입니다."

"수보리야, 만약 선남자 선여인이 갠지스강의 모래알 수만큼이나 많은 목숨을 바쳐 보시한다 해도 어떤 사람이 이 경전의 사구게만이라도 다른 사람들을 위해 말해 준다면 그 복이 훨씬 더 클 것이다."

금강경 설법이 진행되면서 수보리는 이제껏 부처님과 여러 질의응답을 통해 더욱 분명하고 깊게 깨달은 듯하다. 그래서 부처님의 가르침을 집약한 이 경전을 후세에 뭐라고 부르면 좋을지 경전의 성격과 이름을 질문했다.

부처님은 《금강반야바라밀경》이라 이름 짓고 그 이름으로 받들고 수행하라고 답했다. 보석 가운데 가장 강한 금강석(다이아몬드)과 같이 굳건하고 강인한 대지혜(반야)로써 '고해의 이 언덕에서 깨달음의 저 언덕으로 건너가도록'(바라밀) 이끌어 주는 경전이라는 뜻이다.

금강석은 세상에서 가장 단단한 보석으로 자르지 못할 물건이 없다고 한다. 다이아몬드같이 빛나는 견고한 지혜로써 일체의 번뇌를 단박에 잘라 버리고 어떤 힘든 장애라도 뚫고 나가는 가르침이 《금강경》에 있다는 말이다. 그래서 《금강경》을 영어로는 다이아몬드경(Diamond Sutra)이라 한다. 반야 지혜는 우리가 평상시 발휘하는 일상적 지혜가 아니다. 생사를 초월하여 우주의 진리를 깨달은 성인의 경지에서 우러나는 위대한 지혜를 뜻한다. 일반적인 영리함이나 총명함이 아니라 도를 이루는 근본 지혜다. 반야바라밀의 지혜를 성취함은 추호의 번뇌도 남김없이 해탈에 이르러 번뇌의 이 언덕을 떠나 적멸의 저 언덕에 도달했다는 말이다.

육조 혜능대사는 '이 언덕(중생계)과 저 언덕(열반계)'을 다음과 같이 구분했다.

마음이 무언가에 끊임없이 미혹(迷惑)되어 있으면 이 언덕이고 마음이 늘상 깨어 있으면 저 언덕이다. 끊임없이 태어나고 죽는 윤회의 세계 가운데서 자신의 불성을 모르면 이 언덕이고 스스로 지닌 불성을 깨달아 생사를 벗어나면 저 언덕이다. 또한 닦지 않으면 범부(凡夫)요(이 언덕), 닦으면 성인(저 언덕)이니 경전을 입으로만 독송하고 마음으로 닦아 실천 수행하지 않는다면 부처의 성품을 찾을 길이 없다.

앞 장에서도 설명했듯이 《금강경》에는 "A는 A가 아니며 그 이름이 A다."라는 어법이 수없이 등장한다. 여기 13장에서도 '반야바라밀은 반야바라밀이 아니고 그 이름이 반야바라밀이다, 티끌은 티끌이 아니고 그 이름이 티끌이다, 세계는 세계가 아니라 그 이름이 세계다.' 등등 계속 같은 어법으로 말하고 있다. 심지어 《금강경》에서 계속 부처님께서 설법하고 있음에도 법을 설한 적이 없다고 말한다.

이런 《금강경》식 어법이 이해가 안 되고 거부감을 느낄 수도 있다. 이런 도무지 종잡을 수 없는 불교식 대화를 비판하는 학자들도 있다. 정말 상식적으로는 납득이 안 되는 어법으로 들릴 수도 있다.

하지만 《금강경》을 '그보다 더 높은 것이 없는(無上) 최상의 지혜 법문'이라고 하는 까닭은 바로 이런 데 있는지도 모른다. 어떠한 형상이나 고정관념에 매이지 않고 그것을 넘어선 공성(空性)이라는 근본 지혜를 강조하기 때문이다. 이름과 실상을 혼동하지 말고 텅 빈 실상의 자리를 꿰뚫어 보아야 한다는 가르침이다.

석가모니 부처님은 카필라국의 왕태자로 태어났지만 왕족의 신분을 과감히 버리고 출가하여 스스로 도를 완성했다. 그리고 여든 살에 열반하시기 전까지 약 사십여 년간 수많은 대중을 교화하며 수없이 많은 대기설법(對機說法, 각자의 그릇에 맞는 가르침)을 했다. 그 내용을 기록해서 오늘날까지 전해 온 것이 팔만대장경이다.

그런데도 수보리의 질문에 "여래가 법을 설한 적이 없다"라는 응답을 했으니 과연 《금강경》의 문법을 이해하기가 쉽겠는가.

부처가 자신을 부처라고 주장하면 이미 부처가 아니고, 반야 지혜가 스스로 최고의 지혜라고 자부하면 지혜의 경지와는 거리가 멀다. 반야바라밀의 무한한 본성은 무엇이든 개념과 틀에 얽매이지 않고 자유자재한 것이며 상황에 따라 가장 유연하게 적절한 방법을 쓰는 것이다. 그것이 무아(無我)의 법이요 무위(無爲)의 법이다. 해도 한 것이 없다. 있다 해도 있는 것이 아니고, 없다 해도 없는 것이 아니다. 고정된 언어와 상에 매이지 않고 시시각각 상황에 따라 본질을 드러내는 살아 있는 법이다.

그러므로 진정한 불법은 정해진 하나의 법이 있는 것이 아니다. 불법이라고 고정하면 이미 불법이 아니다. '세상에 불법 아닌 것이 하나도 없다.'라고 말씀하신 부처님의 뜻이 바로 여기에 있다. 반야 지혜의 차원에서 보면 세상 모든 것이 불법이요 진리다.

하지만 인간 사회는 현실적으로 서로 소통하고 생각을 교환할 언어와 문자가 필요하다. 개념 정립을 위해 이름을 짓고 불러야 사회가 돌아가고 유지된다. 언어가 없다면 인간의 인식이나 사고의 발달도 불가능했을 것이며 사회가 유지되기도 어렵다. 그래서 각자 이름이 있고 만물은 언어로 지시된다. 이름이 있어야 무어라 그 존재를 부르고 그 의미를 공유할 수 있다.

하지만 여기서 중요한 것은 이름과 실상은 같지 않다는 사실이다.

예를 들어 빨간색이라 말할 때 각자 약간씩 다른 수많은 빨간색을 생각할 수 있고, 사과라고 말할 때도 색깔과 향과 크기와 맛이 다른 수많은 사과를 생각할 수 있다. 실제로 하나의 정해진 빨간색과 사과는 없다. 하지만 빨간 사과라는 이름은 필요하다.

언어는 어떤 존재를 드러내기 위해 필요한 기본 집이지만 동시에 언어는 존재를 그 집에 가두어 버리는 위험이 있다. 그래서 《금강경》에서 계속 강조하는 것은 그 무엇이라 부르는 이름일 뿐이니 어떤 것도 실체가 아님을 알아야 한다는 것이다. 말(언어)에 속지 말아야 한다는 경고요, 실상을 통찰해야 한다는 지적이다.

이름은 고정되어 있지만 실체는 계속 변하기 때문에 실체는 이름과 영원히 일치될 수 없다. '나'라는 이름은 고정된 '나'가 있는 것처럼 들리지만 한순간도 고정된 '나'라는 존재는 없다. 매 순간 세포가 달라지고 생각도 바뀌고 모습도 변한다. 반야바라밀도 마찬가지다. 하나의 고정된 반야바라밀은 없지만 그런 최상의 지혜를 의미하는 이름은 필요하고, 그 이름으로 불러야 소통이 가능하다.

현실 세계에서 일어나는 어떤 사건이나 사물도 본질 세계에서는 텅 빈 공이며 실체가 없다. 사물과 사건에 대한 이름은 있지만 그 대상은 매 순간 관계와 인연에 따라 움직이고 변한다. 그 어떤 것도 변하지 않는 것은 없다. 그런 의미에서 현실에서 각각 불리는 이름은 달라도 근본은 다 공(空)하다는 공통점이 있다.

불교는 거대한 우주를 미세한 티끌(微塵, 미진)과 나란히 놓고 세계를 설명할 때가 많다. 〈법성게〉에도 "일미진중함시방(一微塵中含十方, 한 티끌 속에 온 우주가 들어 있다)"이라고 했다.

여기서 말하는 티끌이란 물질계에서 우리 눈에 안 보이는 극미립자를 뜻한다. 원자나 전자, 최근에 발견된 쿼크나 힉스와 같은 극히 미세한 입자들은 육안으로 볼 수 없지만 물질을 구성하는 기본 입자들이다. 그런데 원자폭탄이나 핵폭탄처럼 그런 작은 미립자가 폭발하면 인류의 생존을 위협하는 초대형 살상용 무기로 변신한다. 2차 세계대전에서 인류는 극미립자가 품고 있는 가공할 만한 위력을 실감했다. 한 티끌 속에 우주가 들었다라는 말은 과학적으로도 입증된 셈이다.

하지만 거대한 세계든 미미한 티끌이든 그 근본은 공이다. 세계를 구성하는 티끌이 아무리 많아도 세계와 티끌은 그 이름이며 실제로는 없다. 수많은 티끌이 모여 우리가 사는 물질세계를 이루지만 세계는 하나의 모습으로 존재하는 것이 아니다. 극소도 극대도 실상은 공(空)인데, 사람들은 고정관념으로 세계라는 거대한 상이 있고 세계를 구성하는 미세한 티끌이 있다고 생각할 뿐이다.

부처님이나 전륜성왕같이 역사적으로 위대한 인물들은 보통 사람들과 다른 특별한 외모를 하고 있다고 전해진다. 거룩한 모습이라고 정하는 몇 가지 기준이 있는데, 그런 남다른 모습을 크게 32상이라고 하며 세밀하게 나누면 80종호라고 한다. 32상 80종호는 약 삼천 년 전

인도인들이 생각한 위인의 외모일 것 같다.

예를 들면 부처님의 몸은 전체가 금빛이며 길고 긴 광채를 뿜고 눈동자가 파란 연꽃같이 검푸르고, 목소리는 하늘에서 울려 퍼지는 것처럼 맑고 청아하며 머리 꼭대기에는 살이 솟아올라 상투 모양을 하고 있고, 귀는 바퀴형으로 길게 늘어져 있으며 걸음은 코끼리처럼 유유자적하다는 등, 부처님의 얼굴 모습과 손과 발 어깨 심지어 성기에 이르기까지 신기한 여러 묘사가 경전에 나온다. 오늘날 사찰에 모신 불상들도 이런 성인의 외모가 반영되어 황금빛 불상에 귀가 길고 머리가 솟아 있는 모습이다. 하지만 이미 부처님에게서 많은 가르침을 받았고 스스로 공성을 터득한 수보리로서는 이런 온갖 겉모습이 부처님의 실상이 아님을 분명히 알고 있다. 앞서 5장에서 나온 유명한 게송 "모든 상이 허망하며 참된 상이 아님을 보아야 여래를 본다."라는 가르침을 수보리는 다시 한번 이 장에서 확인하고 있다.

앞에서도 나왔듯이 13장의 끝부분에서 부처님은 다시 한번 법보시를 강조한다. 앞서 삼천대천 세계를 덮을 만큼 많은 보석으로 보시하는 것보다 금강경 한 구절을 말해 주는 복이 더 크다고 했다. 아무리 많은 목숨을 바쳐 세상을 위해 보시한다 해도 그것은 물질적 보시이다. 그보다 더 큰 공덕이 금강경을 들려주는 법보시라고 한다. 인간에게는 누구나 가장 중요한 것이 자기 목숨이다. 그런데 그 소중한 목숨을 무량겁에 걸쳐 내놓을 만큼 열렬히 보시한다 해도《금강경》의 사구게를 공부하고 주위에 들려주는 그 공덕에 미치지 못한다는 것이다. 근본적인 공성을 깨닫고 닦는 수행이 어떠한 재물이나 목숨을 보시하는 일보다 훨씬 중요하고 값진 일임을 거듭 강조했다.

14

이상적멸분 離相寂滅分
(상을 떠나면 맑고 고요하다)

　이때 수보리가 이 경전의 가르침을 듣고 그 뜻을 깊이 깨달아 눈물을 흘리면서 부처님께 말씀드렸다.

　"참으로 존귀하십니다, 세존이시여. 제가 지혜의 눈이 열린 이후 부처님께서 말씀하신 이같이 심오한 가르침을 이제까지 한 번도 들어본 적이 없습니다.

　세존이시여, 만약 어떤 사람이 이 경전의 가르침을 듣고 청정한 믿음을 낸다면 그는 참된 실상을 깨달아 이 세상에서 가장 귀한 공덕을 성취할 것을 마땅히 알아야 합니다.

　세존이시여, 그러나 실상이란 어떤 상(相)이 따로 있는 것이 아니기 때문에 여래께서는 실상이라고 그저 이름 부르신 것입니다.

　세존이시여, 제가 이 경전의 가르침을 듣고 그대로 믿고 이해하며 받들기는 그다지 어렵지 않습니다. 그러나 후오백세(後五百歲)가 지난 미래에 어떤 중생이 이 가르침을 듣고 그대로 믿고 받든다면 그는 세상에서 아주 드물고 귀한 사람일 것입니다. 왜냐하면 이 사람은 아상, 인상, 중생상, 수자상이 실상이 아님을 알아 네 가지 상에서 벗어났기 때문입니다. 왜냐하면 온갖 상을 벗어나야만 비로소 부처라 할 수 있기 때문입니다."

부처님께서 수보리에게 말씀하셨다.

"참으로 그렇다, 수보리야. 만약 어떤 사람이 이 경전의 가르침을 듣고 놀라거나 두려워하거나 멀리하지 않는다면 그는 참으로 드물고 뛰어난 사람임을 알아야 한다.

왜냐하면 여래가 말씀하신 제일 바라밀은 실제로 제일 바라밀이 아니라 단지 그 이름을 제일 바라밀이라 한 것이니라. 인욕바라밀도 마찬가지다. 여래가 말씀하신 인욕바라밀이란 실제로 인욕바라밀이 아니며 단지 인욕바라밀로 부를 뿐이다.

수보리야, 아주 오래전에 가리왕(歌利王)이 내 몸을 갈기갈기 찢어놓았을 때 내가 만약 아상, 인상, 중생상, 수자상이 있었다면 그때 마땅히 분노하고 원한을 품었을 것이다. 또 과거 오백 년 동안 내가 인욕선인(忍辱仙人)으로 살았던 시절에도 아상, 인상, 중생상, 수자상이 조금도 없었느니라.

그러므로 수보리야, 보살은 온갖 허망한 상을 벗어나 가장 높고 바른 깨달음(아뇩다라삼먁삼보리)으로 가야 한다. 모양에 머무는 바 없이 마음을 내야 하며, 소리, 냄새, 맛, 촉감, 법, 그 어디에도 머무는 바 없이 마음을 내야 한다. 마땅히 어디에도 머무는 바 없이 늘 새롭게 마음을 내어야 한다.

만약 마음이 어딘가에 머물고 집착한다면 이는 참된 수행이 아니다. 그래서 여래는 '보살의 마음은 어떤 형상에 머물러 보시해서는 안 된다.'라고 말한 것이다. 수보리야, 보살은 모든 중생을 이롭게 하기 위해 마땅히 이처럼 보시해야 한다.

여래는 또 이렇게 말한다. '일체의 상은 상(실상)이 아니며 일체의 중생도 실로 중생이 아니다.'

수보리야, 여래는 참된 말을 하며, 사실대로 말하며, 있는 그대로 말하며, 허황된 말을 하지 않는다. 수보리야, 여래가 깨달은 법은 실체가 있는 것도 아니지만, 아무것도 없이 공허한 것도 아니다.

수보리야, 만약 보살이 어떤 법에 집착하여 보시한다면 그는 어둠 속에서 아무것도 보지 못하는 것과 같다. 어떤 법에도 집착하지 않고 어디에도 머무르지 않고 보시한다면 그는 눈 밝은 사람이 찬란한 빛을 받아 온갖 사물을 있는 그대로 환하게 보는 것과 같느니라.

수보리야, 미래에 어떤 선남자 선여인이 이 경전을 받아 지니고 독송한다면 부처님은 그의 지혜로써 이들을 모두 다 알게 되고 보게 되나니 이들은 헤아릴 수 없이 크고 높은 공덕을 성취할 것이다."

여기 14장은 대승 보살의 수행인 육바라밀(보시, 인욕, 지계, 정진, 선정, 지혜) 수행 가운데 인욕바라밀과 반야바라밀에 대해 말하고 있다.

수보리는 지금까지 부처님의 말씀을 들으며 참으로 심오한 깨달음에 이르렀고 마침내 기쁨에 찬 감동의 눈물을 흘렸다. 그러면 수보리의 깨달음이란 무엇일까.

이제 수보리는 모든 중생이 부처님과 똑같은 불성(佛性)을 지닌 존재라고 확실한 믿음을 갖게 됐다. 단지 중생들은 스스로 깨달아 있음을 모른 채 무지와 어리석음에 사로잡혀 보통의 중생으로 살아가고 있음을 분명히 알게 되었다. 그리고 실상이라는 것도 실제 상이 있지 않기 때문에 일체의 상에 대한 집착을 벗어나야 여래를 보게 됨을 알게 되었다.

그런 감동적인 깨달음으로 수보리는 이 경을 능히 '믿고 이해하고 받아들이고 지니는(신해수지, 信解受持)' 단계에 이르렀다. '신해행증(信解行證)'이라는 수행의 네 단계를 증득한 셈이다. 믿음(信)은 경전의 가르침을 진실로 믿게 되었음이요, 이해(解)는 불법의 이치를 참으로 잘 알게 되었음이며, 실천(行)을 통해 이제 바르게 수행할 수 있게 되었음이요, 증득(證)은 몸소 불도를 입증하고 스스로 부처가 되었음이다. 이 네 단계의 수행을 통해 성불이라는 거대한 결실을 맺는 것이다.

그런데 수보리 자신은 부처님의 가르침을 믿고 따르고 수행할 수 있다는 확신이 섰지만 앞으로 미래에 올 사람들에게는 어떻게 될지 우려가 된다. 부처님이 돌아가신 후에는 불법이 쇠퇴할 텐데, 그때는 사람들의 수행이 어떻게 변할지 걱정스럽다. 사람들의 근기(根機, 수행력)가 점점 약해지는 말법 세상에서도 신해행증의 수행 과정을 착실히 닦는 사람들이 과연 있을지 수보리는 우려스럽다.

이에 대해 부처님은 확신에 찬 대답을 해 주셨다. 극히 드물지만 바른 믿음으로 청정하게 수행하는 사람들은 반드시 있다고. 이런 사람들로 인해 미래 세상에 어떤 위기가 닥쳐도 불법은 결코 사라지지 않는다고. 이 경전의 말씀을 듣고 놀라거나 두려워하거나 피하지 않고 모든 상을 벗어난 부처의 경지에 이르는 사람들이 후 오백 세에도 반드시 있다고. 이렇게 부처님은 수보리의 우려를 말끔히 씻는 매우 낙관적인 답을 해 주셨다.

그리고 보살이 수행하는 반야바라밀과 인욕바라밀도 심지어 어떠한 육바라밀도 실체가 없고 그것을 지칭하는 이름에 지나지 않음을 강조한다. 마음은 어디에도 집착하거나 머물지 않고 사상(四相)에서 벗어나 오직 근본 원리인 공성을 잊지 말라고 하셨다.

여기서 인욕바라밀의 표본이라 할 인욕선인과 가리왕에 관한 이야기를 들어 보자. 《현우경》에 나오는 부처님의 전생담에서 발췌한 것으로 그 설화를 약간 옮겨 본다.

과거 헤아리기도 어려운 오래전에 바라나라는 큰 나라가 있었는데, 그

국왕은 가리왕이었다. 그때 그 나라에 찬제파리라는 위대한 선인이 살고 있었는데, 그는 오백 제자들과 함께 숲속에서 인욕 수행을 하고 있었다.

어느 날 가리왕은 신하들과 부인과 궁녀들을 데리고 그 숲에 들어가서 놀았다. 그러다 왕은 피곤해 누워서 잠이 들었다. 궁녀들은 왕의 곁을 떠나 삼삼오오 무리를 지어 꽃이 가득한 숲을 즐겼다. 그때 찬제파리 선인이 숲속에 단정히 앉아 생각에 잠겨 있는 것을 보고 저절로 공경하는 마음이 생겨, 온갖 꽃을 따다 그 위에 뿌리고 이내 그 앞에 앉아 그의 설법을 듣게 되었다. 왕은 잠에서 깨어 네 명의 신하들과 함께 궁녀들을 찾다가 그들이 설법을 듣고 있는 장면을 보았다. 왕은 곧 선인에게 물었다.

"네 가지 공의 선정(四空定)을 얻었는가?"

"얻지 못했습니다."

"네 가지 무량심(四無量心)을 얻었는가?"

"얻지 못했습니다."

"네 가지 선정(四禪定)은 얻었는가?"

"얻지 못했습니다."

왕은 화를 내며 말했다.

"그런 공덕을 모두 얻지 못했다면 너는 한낱 범부일 뿐이다. 그런데 혼자 여인들과 은밀한 곳에 있으니 어떻게 너를 믿을 수 있겠는가?"

왕은 다시 물었다.

"너는 항상 여기 있으니 도대체 어떤 사람인가? 또 무엇을 수행하는가?"

"수행자로서 인욕(忍辱, 욕됨을 견딤)을 닦고 있습니다."

왕은 곧 칼을 빼어 들더니 말했다.

"욕됨을 참는다 했으니, 얼마나 인욕하는지 너를 시험해 보겠다."

가리왕은 곧 그의 두 팔과 두 다리를 차례로 자르고, 이어서 귀와 코까지 베며 물었다.

"이래도 욕됨을 참을 수 있겠는가?"

선인은 온갖 고통과 굴욕에도 얼굴빛 하나 변하지 않았다. 그때 천지가 진동했고 선인의 오백 제자는 허공으로 날아올라 스승에게 물었다.

"그런 고통을 당하고도 인욕하는 마음을 잃지 않았습니까?"

"내 마음은 변함이 없느니라."

왕은 깜짝 놀라 다시 물었다.

"너는 인욕한다고 말하지만 그것을 무엇으로 증명하겠는가?"

"만일 나의 인욕이 거짓이 아니라면 흘린 피는 젖이 되고 찢긴 몸은 전처럼 회복될 것입니다."

그 말이 끝나자 피는 곧 젖이 되고 몸은 전처럼 회복되었다.

왕은 그것을 보고 매우 두려워하며 말했다.

"아, 나의 어리석음으로 위대한 선인을 비방하고 욕보였습니다. 원하건대 가엾이 여겨 나의 참회를 받아 주소서."

선인이 답했다.

"왕은 여자들이 가까이 있다는 이유로 칼로 내 몸을 해쳤지만 내 인욕은 땅과 같습니다. 내가 이 다음에 부처가 되면 지혜의 칼로써 당신의 세 가지 독을 끊을 것입니다."

그때 산중에 있던 여러 용과 신들은 가리왕이 인욕선인을 해친 것을 보고 모두 걱정하며 큰 구름과 안개를 일으키고 뇌성벽력을 치면서 왕을 벌주려 했다.

그러자 선인은 하늘을 우러러 말했다.

"만일 나를 위해 그렇게 한다면 결코 저 왕을 해치지 말라."

가리왕은 깊이 참회했고 그 후로는 늘 선인을 궁중으로 청해 공양을 올렸다. 왕이 찬제파리 선인을 공경히 대우하자 이를 시기하는 천 명의 범지(바라문 수행의 첫 단계에 이른 사람)들이 그가 앉을 곳에 더러운 티끌과 흙과 물건들을 뿌렸다. 선인은 그런 모습을 보고 굳은 서원을 세웠다.

"나는 인욕 수행을 계속해 중생들을 위해 장차 반드시 부처가 될 것이다. 불도를 성취하면 먼저 법의 청정한 물로써 너희들의 티끌과 때를 씻어내고 탐욕의 더러움을 없애 영원히 청정하게 하리라."

부처님께서 비구들에게 말씀하셨다.

"그때의 찬제파리 선인이 누구인지 알고 싶은가. 그가 바로 나다. 가리왕과 네 명의 신하는 지금의 교진여 등 다섯 비구이며 나를 시기해 티끌을 끼얹던 천 명의 범지는 천 명의 비구이니라. 나는 그때 인욕행으로 저들을 먼저 제도하리라 서원을 세웠다. 그래서 내가 도를 이루자 그들이 먼저 괴로움에서 벗어나게 된 것이니라."

우리가 불법을 익히고 열심히 수행 정진할 때 수많은 고통과 어려움을 겪기 마련이다. 다양한 생명체로 거듭 태어나며 수억 겁의 생을 살아왔기 때문에 각각의 업(業)에 따라 크고 작은 고통과 고난을 만나는 과정은 피할 수 없다. 그 모든 고통과 장애를 참고 견디는 인욕바라밀 정진이 없다면 도저히 감당할 수 없을 것이다.

오죽하면 자신의 사지를 갈가리 찢기는 신체적 고통을 당하고도 아무런 원한도 분노도 내지 않았던 인욕선인의 경지를 정진의 표본으로 내세울까. 참는다는 생각이나 분노의 감정을 모두 넘어선 인욕바라밀 정진은 도에 이르는 필수 과정이 아닐까.

하지만 여래는 인욕바라밀도 실체가 아니고 단지 그 이름일 뿐이라 하였다. 어떤 고통이나 보복 원한 두려움 같은 상을 내지 말고 오직 인욕하고 정진하여야 해탈의 고요함을 이루리라는 '이상적멸'의 가르침을 14장은 담고 있다.

온갖 굴욕이나 극한 고통을 참고 견디는 인욕 수행은 불법에만 있는 것은 아니다. 기독교에서 예수님이 십자가에 못 박혀 돌아가신 일이나 소크라테스가 독배를 마시고 흔쾌히 죽음을 받아들인 역사도 모두 인욕 정진의 사례다. 중국 선종의 첫 조사인 달마대사도 몇 번의 독살 시도가 있었음에도 그에 넘어가지 않았으나, 결국은 스스로 떠날 때가 왔음을 알고 독약을 받아들인 역사가 있다.

이렇듯 인욕바라밀은 나에게 가해진 고통과 괴로움을 억지로 참고 견디라는 말이 아니다. 너와 나라는 경계가 본래 없음을 알고 자기를 돌보지 않고 보다 더 큰 이익을 위해 삶과 죽음의 경계를 자연스레 뛰어넘는 보살의 숭고한 정신이 바로 인욕 정진이다.

15

지경공덕분 持經功德分
(경전을 지키는 공덕은 매우 크다)

"수보리야, 만약 선남자 선여인이 아침에 갠지스강의 모래알 수만 큼이나 많은 몸을 바쳐 세상에 보시하고, 낮에도 그만큼 많은 몸을 바쳐 보시하며 저녁에도 역시 그렇게 보시한다고 하자. 이렇게 헤아릴 수 없이 오랜 세월 동안 자신의 수많은 몸을 다 바쳐 엄청난 보시를 한다 해도, 어떤 사람이 이 경전의 가르침을 듣고 깊은 신심을 내어 조금의 어긋남도 없이 수행한다면 그 복은 온갖 몸을 다 바쳐 보시한 공덕보다 뛰어날 것이다.

하물며 이 경전을 읽고 쓰고 받아서 지니고 독송하며 다른 사람들을 위해 그 뜻을 일러 준다면 그 복덕을 어찌 다 말할 수 있겠느냐?

그러므로 수보리야, 이 경전에는 불가사의하고 무량한 공덕이 담겨 있음을 분명히 알아야 한다. 여래는 대승의 마음을 낸 사람들을 위해 이 경전을 가르치고 최상승의 길을 가는 사람들을 위해 이 경전을 설한 것이다.

만약 어떤 사람이 이 가르침을 받아 지니고 독송하면서 널리 사람들에게 그 뜻을 말해 준다면, 여래는 이들을 모두 알아볼 것이니 그 사람은 헤아릴 수 없는 불가사의한 공덕을 성취하게 될 것이다. 이런 사람들은 여래와 같은 가장 높고 바른 깨달음을 끝내 얻게 될 것이니라.

왜냐하면 수보리야, 작은 법으로 만족하는 사람은 나라는 상, 남이라는 상, 중생이라는 상, 수명에 대한 상에 집착해 이 가르침을 듣고 받아 지니고 독송하며 다른 사람들에게 그 뜻을 전할 수 없기 때문이다.

수보리야, 이 경전이 있는 곳은 모든 천신과 인간과 아수라가 함께 받들고 마땅히 공양을 올릴 것이다. 그러므로 분명히 알아야 한다, 그곳은 부처님의 사리를 모신 탑과 같아 마땅히 공경하고 주변을 돌며 예배하고 꽃과 향을 뿌려 아름답게 빛날 것임을."

《금강경》은 거듭거듭 법 보시를 강조한다. 아무리 많은 물질로 대단한 보시를 한다 해도 《금강경》의 깊은 가르침(법)을 믿고 스스로 수행하면서 다른 사람들에게도 그 뜻을 알려 주는 공덕과는 조금도 비교할 수 없다고 했다.

이 장에서도 물질보다 훨씬 더 소중한 자기 생명을 아침 점심 저녁 종일 다 바쳐 보시한다 해도《금강경》의 한 구절을 남들에게 말해 주는 공덕에는 비교가 안 된다고 말하고 있다.

목숨을 바치고 금은보화를 보시하는 물질적인 공덕은 '번뇌가 남아 있는 유루복(有漏福)'을 얻는 것이다. 하지만《금강경》을 읽고 진리를 깨달아 스스로 모든 상을 벗어나고 나아가 이웃에 그 진리를 전하면 '번뇌가 사라진 무루복(無漏福)'을 얻는 것이다. 스스로 깨달음에 이르기 때문이다.

여래가《금강경》을 설한 목적은 대승 보살과 최상승 보살을 위해서라고 했다. 이 말은 '작은 법에 만족하는 사람'과 대비된다. 작은 법이란 소승법으로 자신의 성불에만 목표를 두기 때문에 중생 구제의 큰 원력을 세운 대승 보살과 다르다.

대승 보살은 깨달음을 이루었어도 붓다가 되기를 미루고 중생 구제를 위해 다시 사바세계로 와서 보살도를 계속 닦아 가는 수행자다. 그래서 보살을 '깨달은 부처'가 아니라 '깨달은 중생'이라고 한다.

최상승은 대승과 같은 맥락인데 혜능 스님의《금강경》해설에 따르면 최상승은 일체지(一切智)요 무생인(無生忍)이며 대반야(大般若)라고 한다. 어려운 불교 용어로 표현했지만 한마디로 최상승 수행은 모든 존재가 자신 속에 감춰진 참 부처를 찾아내는 지혜의 수행이다. 무생인은 보살의 인욕행으로서, 일체만법(一切萬法)이 본래 나고 죽음(生死)이 없음을 깨달아 고요하고 평화로운 경지다. 결국 최상승 수행자는 더러운 법도 깨끗한 법도 보지 않고, 제도할 중생도 이루어야 할 열반도 보지 않고 그래서 제도한다는 마음조차 없는 무애자재한 대반야 지혜를 닦는 사람들이다.

《금강경》이 대승 반야부 경전에 속하기 때문에 그 내용은 당연히 대승의 가르침이요 최상승의 가르침이라는 사실을 지적한 것이다.

이 장에서 "선남자 선여인이 이 경전을 받아 지니고 읽고 암송한다면 그 사람은 여래와 같은 높고 올바른 깨달음을 얻을 것이며 여래는 이들을 모두 알고 모두 본다."라고 했다. 부처님은 최고의 반야 지혜로써 이런 수행자들을 알아보시고 수기를 주신다는 말이다.

과연 부처님은 금강경을 수지 독송하면서 바르게 수행하는 사람을 어떻게 훤히 다 꿰뚫어 아는 걸까. 사실 부처의 경지는 부처가 되기 전에는 아무도 알 길이 없다. 그래서 부처가 되면 중생들은 알 수 없는 어떤 특별한 능력이 생기는지 부처님이 직접 밝힌 대목이 있다. 초기 불교 경전인《앙굿따라니까야》에 기록되어 전하는 부처님의 특별한 능력 열 가지는 다음과 같다.

1. 원인을 원인이라고 알고 원인 아닌 것을 원인이 아니라고 정확히 안다.
2. 과거 현재 미래에 행한 업의 과보를 그 조건과 원인과 함께 정확히

안다.

3. 미래에 다시 태어날 곳으로 인도하는 길을 꿰뚫어 안다.

4. 각자 지각하는 세상이 어떤 요소로 각각 이루어져 있는지 정확히 안다.

5. 중생들의 다양한 성향을 있는 그대로 꿰뚫어 안다.

6. 다른 중생이나 인간이 가지고 있는 믿음, 정진, 마음 챙김, 삼매 같은 기능의 한계를 안다.

7. 선과 해탈과 증득(證得)의 오염원, 깨끗함, 벗어남을 있는 그대로 안다.

8. 수없이 많은 전생의 갖가지 삶들을 꿰뚫어 안다(숙명통, 宿命通).

9. 중생들이 각자 지은 업에 따라 태어남을 꿰뚫어 안다(천안통, 天眼通).

10. 모든 번뇌가 다해 아무런 번뇌가 없는 마음의 해탈을 바로 지금 여기에서 스스로 최상의 지혜로써 실현하고 머문다(누진통, 漏盡通).

여기서 부처님이나 아라한이 가지는 불가사의한 초능력 세 가지가 나왔다. 숙명통(宿命通) 천안통(天眼通) 누진통(漏盡通), 이 셋을 밝게 보는 능력이라 하여 삼명(三明)이라 하고 여기에 또 세 가지 특별한 능력(타심통, 신이통, 신족통)을 더해 육통(六通)이라 한다. 그래서 깨달은 사람이 보이는 특별한 능력을 삼명 육통이라고 한다. 남의 마음을 아는 타심통(他心通), 귀로 들을 수 있는 이상의 것을 듣고 아는 신이통(神耳通), 공간을 자유롭게 이동하는 신족통(神足通) 등도 보통 사람들이 가질 수 없는 초인적 능력이지만, 삼명은 세계의 원리를 꿰뚫어 아는 지혜의 눈이기 때문에 더욱 불가사의한 힘이다.

삼명 육통은 부처님이나 아라한에게 생기는 특별한 초인적 능력이지만 누구나 부처님과 같은 경지에 도달하면 이 같은 지혜 광명의 힘이 생길 수 있다.

그런데 삼명육통 가운데 다섯 가지 신통력은 불교뿐만 아니라 정도의 차이는 있지만 도교의 신선이나, 천상계의 천인, 심지어 귀신들도 얻을 수 있다고 한다. 그러나 누진통만은 아주 특별하고 예외적이다. 누진통은 모든 종류의 고통을 밝게 알아서 인간의 모든 번뇌 망상이 완전히 끊어져야 생기는 능력이다. 따라서 아라한, 부처님, 그리고 대보살처럼 가장 높고 바른 깨달음을 이룬 수행자들만이 이룰 수 있는 불가사의하고 신비한 힘이다.

이러한 특별한 능력은 억겁의 생에 걸친 노력과 고난의 수행을 통해서 성취한 결실이지만 결코 그 능력을 과시하거나 불순한 목적에 사용하면 위험하다. 오직 중생 구제라는 위대한 목적을 위해 중생들을 해탈의 길로 인도하기 위한 목적으로만 사용된다. 여래는 이런 불가사의한 힘으로《금강경》의 가르침을 믿고 바르게 수행하는 사람들을 반드시 알아보고 깨달음의 길로 이끌어 주신다고 했다.

16

능정업장분 能淨業障分
(업장을 깨끗이 소멸하다)

"또한 수보리야, 선남자 선여인이 이 경전을 받아 지니고 열심히 독송하고 수행함에도 다른 사람들로부터 업신여김이나 천대를 받는 일이 생긴다. 왜냐하면 이 사람은 전생에 지은 죄업으로 마땅히 삼악도(三惡道, 지옥, 축생, 아귀의 세계)에 떨어져야 하겠지만, 이번 생에 사람들로부터 업신여김과 천대를 받음으로써 전생의 죄업이 소멸되고 마침내 가장 높고 올바른 깨달음을 얻게 될 것이다.

수보리야, 내가 과거에 흘러간 수많은 아승기겁(阿僧祇劫, 헤아릴 수 없이 많은 시간)을 생각해 보니, 연등부처님을 만나기 이전부터 나는 팔백사천만 억 나유타(那由他, 아승기보다도 1억 배 많은 숫자) 부처님들을 만나서 그분들에게 모두 공양을 올리고 진심으로 받들어 모셨으며 한 분도 그냥 지나친 적이 없느니라.

만약 어떤 사람이 이후 말세에 이 경전을 받아 지니고 독송한다면, 그 공덕은 내가 그렇게 오랜 세월 동안 수많은 부처님을 공양하고 받들어 모신 공덕보다 더 뛰어난 것이다. 나의 공덕은 백 분의 일에도 천·만·억 분의 일에도 미치지 못하며 그 어떤 수로도 비교하거나 미칠 수가 없느니라.

수보리야, 만약 선남자 선여인이 이후 말세에 이 경전을 받아 지니고 독송했을 때 받게 될 위대한 공덕을 내가 자세히 말한다면, 어떤 사람들은 그 말을 듣고 무척 혼란스러워 여우 같은 의심을 내며 믿지 않을 것이다.

수보리야, 반드시 알아야 한다. 이 경전의 뜻은 참으로 불가사의하며 그 과보 또한 불가사의한 것이니라."

《금강경》을 수지 독송하고 이웃과 나누면 물질 보시와는 비교가 안 되는 불가사의한 큰 공덕을 성취한다고 누차 들었다. 그런데 여기 16장에서는 반드시 그런 것도 아니라고 말한다. 《금강경》 수행을 열심히 하는데도 비방이나 천대를 받고 다른 사람들로부터 업신여김을 당할 수 있다는 것이다. 《금강경》 수행의 공덕을 그토록 강조해 온 그동안의 말씀과 정반대의 이야기라 솔직히 당황스럽다.

그런데 그 까닭을 다음에 밝힌다.

비록 현생에서 《금강경》 수행을 열심히 한다 해도 수억 겁의 전생을 지나오면서 쌓아 놓은 크고 많은 죄업은 쉽게 지워지지 않는다. 지옥이나 축생이나 아귀계에 떨어질 만큼 죄업이 심각하고 무거울 수 있다. 그런 사람이라 해도 이번 생에 《금강경》을 읽고 열심히 수행한다면 사람들로부터 비난과 천대라는 오히려 가벼운 대가를 치르고 거기서 벗어날 수 있다는 말이다. 흔히 하는 말로 위기가 곧 기회라는 뜻이다.

나아가 더욱 간절히 수행하면 '아뇩다라삼먁삼보리(높고 바른 최고의 깨달음)'를 이루어 성불의 경지에 도달할 수 있다고 했다. 그러므로 《금강경》 수행 과정에서 생길 수 있는 여러 장애와 고통을 원망하거나 좌절하지 말고 더욱 정진하면 오히려 해탈의 길이 열린다는 말씀이다. 자신이 만든 악업이니만큼 업신여김이나 비난이 힘들다 해도 그 과보를 마땅히 받는다는 생각으로 더욱 정진한다면 반드시 빛나는 수행의 공덕을 누릴 날이 올 것이다.

16장에 나오는 연등불(燃燈佛)은 누구인가. 석가모니가 현재불, 미륵이 미래불이라면 연등불은 과거불이다. 다시 말해 석가모니불 이전의 부처님이다. 연등부처님과 석가모니의 전생 이야기는 앞에서도 소개했지만 다시 한번 연등불 수기 설화를 들어 보자.

과거 4아승기 십만 겁의 옛날에 연등불이 세상에 오셨다. 이 무렵 무마성(無魔城)이라는 도시에 수메다라는 바라문(승려 계급)이 살고 있었다. 수메다의 아버지는 대단한 재력을 가진 부호였으나 수메다가 어릴 때 수많은 재산을 남긴 채 세상을 떠났다.

수메다는 아버지가 많은 재산을 모으느라 고생하고도 한 푼도 가져가지 못하는 것을 보았다. 그래서 자신은 죽음으로도 빼앗을 수 없는 복락의 종자를 심으리라고 뜻을 세우고 치령하게 정진한 끝에 여덟 가지 선정과 다섯 가지 신통력을 얻었다.

이렇게 신통력을 얻고 정진에 힘쓸 무렵 연등부처님께서 수메다가 있는 마을로 오신다는 이야기를 듣고 부처님을 뵈러 나갔다. 수메다는 연등불에게 연꽃을 바치고 싶었으나 왕이 왕국에 있는 모든 연꽃을 다 사 버려 구할 수가 없었다. 그러다 연꽃 화병을 들고 있는 소녀를 만나 꽃을 사려고 했는데, 소녀는 미래의 생에 그녀를 부인으로 맞겠다는 약속을 하는 조건으로 꽃을 건넸다.

이에 수메다는 자신이 갖고 있던 금을 모두 주고 소녀로부터 일곱 송이 중 다섯 송이의 꽃을 사서 연등불에게 뿌렸는데, 수메다가 던진 푸른 연꽃만이 공중에 머물며 연등불의 머리 위에 떠 있는 기적이 일어났다.

또한 수메다는 연등부처님이 지나실 길에 진흙탕이 있는 걸 보고, 입었던 사슴 가죽옷을 벗어 진흙탕에 깔고 그 위에 자신의 머리를 풀어 덮고, 엎드려 부처님을 우러러 보며 아뢰었다. "부처님, 진흙을 밟지 마시고 부디 제 머리털과 몸을 밟으소서. 마치 마니구슬(불가사의한 힘을 지닌 보물 구슬)의 판자로 된 다리를 밟는다 생각하시고 지나가십시오."라며 지극한 마음으로 말했다. 이때 연등부처님께서 수메다를 향하여 찬탄하셨다. "장하다, 수메다여! 그대의 보리심은 참으로 갸륵하구나. 이같이 지극한 공덕으로 그대는 오는 세상에 결정코 부처가 되리니, 그 이름을 석가모니라 부르리라." 수메다 행자를 칭찬하신 뒤에 꽃을 받아들고 오른쪽으로 세 번 돌며 예를 마치신 뒤에 부처님은 떠나셨다.

　　과거 연등불 시대에 석가모니불의 전생인 수메다가 연등불께 꽃 공양을 올린 후 연등불로부터 장차 성불해 석가모니불이 될 것이라는 예언을 받았던 전생담이다. 석가모니불이 현생에 나기 전에 여러 동물이나 사람으로 태어나 헌신 수행했던 전생담(자타카)들이 교훈과 감동을 주며 전해 오고 있다. 그 가운데 무량겁 세월에 걸친 수행의 결과로 마침내 연등부처님으로부터 석가모니 부처님이 되리라는 수기(授記, 부처가 되리라는 예언)를 받는 장면이다.

　　불경에서는 '항하사, 아승기, 나유타' 같은 오늘날 쓰지 않는 오래된 숫자 개념이 나오는데, 인간의 능력으로는 헤아릴 수 없이 많은 큰 수를 뜻한다. 그래서 여래가 말씀하신 팔만 사천만 억 나유타의 부처님이란 헤아릴 수 없이 많은 부처님들이 과거 세상에 존재했는데, 그 수많은 부처님께 자신은 항상 지극한 공양을 올리고 인연을 맺어 왔음을 말한 것이다.

　　불교나 동양 사상에서 우주는 시작과 끝이 없다. 우주의 궁극을 태극(太極)이나 무극(無極)이라 하고 무시(無始), 무종(無終)이라고 한다. 시간으로는 무한 겁의 과거와 미래를 생각할 수 있고 공간으로는 끝없이 광대무변한 우주를 상상할 수 있다. 그런 무한한 시공간 속에 상상할 수도 없는 수많은 부처가 출현했을 것이며 여래는 수억 겁의 생을 살면서 그 수많은 부처님께 공양을 올리고 충분히 가르침을 받아서 마침내 현생에 석가모니불로 탄생했다는 이야기다.

그런데 중요한 것은 그토록 수많은 부처님께 공양하고 무수히 많은 몸을 바쳐 얻은 큰 복덕이라 해도 《금강경》 수지독송의 공덕에는 못 미친다는 점이다. 그만큼 《금강경》을 수지독송해서 깨닫는 공덕이 얼마나 귀중하고 깊은 의미가 있는지 거듭 여러 비유를 통해 강조하고 있다.

17

구경무아분 究竟無我分
(궁극적으로 '나'는 없다)

그때 수보리가 부처님께 여쭈었다.

"세존이시여, 선남자 선여인이 가장 높고 올바른 깨달음을 얻고자 마음을 낸다면 과연 어떻게 마음을 머무르며 어떻게 그 마음을 다스려야 합니까?"

부처님께서 수보리에게 말씀하셨다.

"만약 선남자 선여인이 가장 높고 올바른 깨달음을 얻고자 한다면 반드시 이렇게 마음을 내야 하느니라. "나는 모든 중생을 제도할 것이다. 하지만 모든 중생을 제도했다 해도 실은 한 중생도 제도한 바가 없다.""

왜냐하면 수보리야, 만약 보살이 나라는 상, 남이라는 상, 중생이라는 상, 수명에 대한 상이 있다면 참된 보살이라 할 수 없기 때문

124 · 금강경 금강석같이 빛나는 지혜의 길

이다.

수보리야, 가장 높고 올바른 깨달음을 얻겠다고 마음을 일으킬 만한 어떤 법도 실제로 없느니라.

수보리야, 어떻게 생각하느냐? 여래는 연등부처님 처소에 계실 때 어떤 법이 있어서 가장 높고 올바른 깨달음을 얻은 일이 있느냐?"

"그렇지 않습니다, 세존이시여. 제가 이해하기로는 부처님께서 연등부처님 처소에 계실 때 어떤 법이 있어서 가장 높고 올바른 깨달음을 얻은 일이 없습니다."

부처님께서 말씀하셨다.

"그렇다, 참으로 그렇다. 수보리야. 여래가 가장 높고 올바른 깨달음을 얻었다고 할 만한 어떤 법도 실제로 있는 것이 아니다.

수보리야, 만약 여래가 가장 높고 올바른 깨달음을 얻었다고 한다면 연등부처님께서 나에게 '그대는 미래에 부처가 되어 석가모니라고 불릴 것이다.'라고 수기를 주지 않았을 것이다. 실로 가장 높고 올바른 깨달음을 얻었다고 할 어떤 법도 없기 때문에 연등부처님께서 나에게 '그대는 미래에 부처가 되어 석가모니로 불릴 것이다.'라는 수기를 주신 것이니라. 왜냐하면 여래란 모든 것이 '진리 그대로 여여하다'는 뜻이기 때문이다.

만약 어떤 사람이 여래는 가장 높고 올바른 깨달음을 얻었다고 말한다 해도, 수보리야, 실로 여래께서 가장 높고 올바른 깨달음을 얻

없다고 할 만한 어떤 법이 있는 것이 아니다. 수보리야, 여래가 얻은 가장 높고 올바른 깨달음이란 참된 것도 아니고 헛된 것도 아니다. 그러므로 '모든 법은 다 법이라고 할 것이 없다.'라고 여래께서 말씀하신 것이다.

수보리야, 모든 법은 실로 법이라 할 것이 없기 때문에 법이라고 이름 부르는 것이다. 비유하자면 사람의 키가 크다고 말하는 경우와 같다."

수보리가 부처님께 말씀드렸다.

"세존이시여, 사람의 키가 크다고 하신 것은 실제로 큰 키가 있기 때문이 아니라 단지 키가 크다고 이름 부른 것입니다."

"그렇다. 수보리야, 보살도 마찬가지다. 만약 보살이 '내가 헤아릴 수 없이 많은 중생을 모두 제도하겠다.'라고 말한다면, 그는 참된 보살이라 할 수 없다. 왜냐하면 수보리야, 보살이라고 할 만한 어떤 법이 따로 있지 않기 때문이다. 그러므로 부처님께서는 모든 법에는 나와 남과 중생과 수명이라고 할 것이 아무것도 없다고 한 것이다.

수보리야, 보살이 만약 '내가 부처님의 나라를 거룩하게 장엄하겠다.'라고 말한다면 그는 참된 보살이라 할 수 없다. 왜냐하면 여래가 부처님의 나라를 장엄한다고 말한 것은 실제로 어떤 장엄함이 있어서가 아니라 단지 장엄하다고 이름 부르는 것이다.

수보리야, 만약 보살이 무아법(無我法, 궁극적으로 '나'라고 할 만한 실체가 없다는 진리)에 통달한다면 그야말로 참된 보살이라고 여래는 말할 것이다."

여기 17장은 금강경 가운데 가장 긴 내용이 담겨 있다. 왜냐하면 이 장에서 수보리는 《금강경》을 처음 시작할 때 부처님께 여쭈었던 질문을 다시 새롭게 꺼냈기 때문이다. 앞서 《금강경》 2장의 첫머리에 수보리는 부처님께 이렇게 먼저 질문을 꺼냈다.

"가장 높고 바른 깨달음을 이루고자 한다면 어떻게 마음을 머무르며 어떻게 마음을 다스려야 합니까?" 수행에서 가장 근본적인 질문을 한 것이다. 이에 대해 부처님께서는 "이제부터 내가 하는 말을 잘 듣도록 하여라." 하면서 부처님과 수보리의 문답이 시작되었다.

이제 《금강경》이 중반을 넘어가면서 수보리는 17장에서 다시 한번 같은 질문을 꺼냈다. 이제까지 진행된 부처님의 설법(대답)을 중간에 한번 정리를 해 보고 처음에 했던 근본 질문을 되새기는 의미로 보인다.

수보리의 똑같은 질문에 부처님의 대답은 더욱 명쾌하다. 한마디로 대답은 '무아법'이다. 마음을 다스리고 지키고 닦아 가는 보살의 수행 방식은 결국 '무아법'으로 가야 한다는 것이다.

"보살은 일체중생을 제도(구제)한다는 마음을 내어야 한다. 그래서 모두 제도했다 하더라도, 실로 한 중생도 제도한 적이 없다."라고 생각해야 한다고 했다. 이 장의 제목이 왜 "궁극적으로 '나'는 없다(구경무아, 究竟無我)."인지 알게 하는 대목이다.

육조 혜능 대사는 이 '구경무아분'에 대해 다음과 같이 탁월한 해설을 했다.

"보살이 만약 제도할 중생이 있다고 보면 그것은 아상이고, 자신이 중생을 제도한다는 마음을 일으키면 그것은 인상이다. 추구해야 할 열반이 따로 있다고 보면 중생상이며, 지혜를 깨달아야 할 열반이 있다고 보면 수자상이다."

그러므로 "내가 중생들을 제도한다."라고 한다면 여전히 '제도하는 나'와 '제도 받을 중생'이 따로 있고 '추구하고 깨달아야 할 열반'이 따로 있기 때문에 사상을 벗어난 참된 보살이라 할 수 없다. 부처님은 이러한 사상을 벗어났기에 과거에 연등불로부터 수기를 받을 수 있었다고 하시면서 수보리에게 '무아법'의 의미를 가르쳐 주었다.

부처님의 독특한 교육 방식을 이름하여 대기설법(對機說法, 배우는 사람의 수준에 맞게 가르침)이라 한다. 사람들은 능력이나 기질이나 모든 면에서 다르기 때문에 부처님은 각자에게 맞는 방식으로 서로 다르게 가르친다. 같은 내용이라도 달리 접근함으로써 각자 자기 수준에 맞게 알아듣고 행할 수 있도록 이끌어 주는 것이다.

또 부처님은 진리의 두 측면에 따라 가르친다. 대승불교의 아버지라고 불리는 용수보살은 다음같이 말했다. "모든 부처님들께서는 2제(二諦, 두 가지 진리)에 의해 설법하신다. 진리에는 속제(俗諦, 현실적 진리)와 진제(眞諦, 근본적 진리)가 있다. 진리의 두 차원이라 할 진제와 속제를 구별하지 못하면 부처님의 가르침에 담긴 심오한 이치를 알 수가 없다."

이런 두 가지 요소를 종합하면 첫째, 부처님은 대기설법으로 가르친다. 즉 사람의 근기(수행력의 정도)에 따라 다르게 가르친다. 둘째, 진제/속제라는 진리의 두 측면에 기초하여 상황마다 유연하게 가르친다.

여기서 진제/속제라는 진리의 두 차원에 대해 알아보자. 불교에서 진리를 말할 때는 근본 가르침인 진제(眞諦)와 방편 가르침인 속제(俗諦)로 구분한다. 대기설법처럼 진/속 2제도 처한 상황이나 사람의 근기에 따라 같은 내용이라도 다르게 접근하는 방식이다.

진제로 가르칠 때는 우리의 모든 현실적이고 분별적인 사고를 벗어나게 만든다. 《금강경》에서 부처님이 하시는 어법은 모두 진제의 가르침이다. 모든 상은 다 허망하며 실체로서 존재하지 않는다는 《금강경》의 가르침은 모두 근원적인 차원의 설법이다. 진제의 세계에서는 부처도 없고, 중생도 없고, 법도 없고, 법 아닌 것도 없다. 반야바라밀도 없고, 장엄한 정토도 없고, 법도 없고, 법 아닌 것도 없고, 생사(生死)도 없다. 공 사상에 기초한 설법이기 때문이다.

하지만 속제로 가르칠 때는 현실적이고 분별적인 사고를 잘해야 한다. 올바르게 판단하고 정확하게 행동해야 한다. 속제의 차원에서는 분명히 태어남과 죽음이 있고, 부처와 중생이 있고, 옳고 그름이 있고, 정의와 불의가 있고, 아름다움과 추함이 있다. '나'라고 할 존재가 궁극적으로 없다는 무아(無我)의 가르침은 진제로 접근한 것이지만 속제로 보면 전생과 윤회가 있고 인과응보도 있고 그래서 잘잘못에 따라 상과 벌을 받는 '나'도 있다.

《육조단경》에서 혜능대사는 "선도 생각하지 말고 악도 생각하지 말라."라고 했는데 이는 진제의 가르침이다. 그런데 흥부와 놀부 같은 이야기 속에는 선을 권하고 악을 멀리하는 권선징악을 가르친다. 올바르게 사회가 돌아가는 데 권선징악은 반드시 필요한 속제의 가르침이다.

진제든 속제든 다 진리이다. 진제의 차원에서는 절대 선도 절대 악도 없기 때문에 선이라는 생각도 악이라는 생각도 벗어나야 실제로 공의 원리를 깨닫는다. 그렇지만 속제의 차원에서는 잘 살려면 선악을 분명히 구분해서 선을 추구하고 악을 버려야만 죄와 고통을 멈출 수 있다.

진/속 2제를 넘나드는 진리의 두 측면을 모르고 진제만 중시하고 공이나 무상에만 집착하면 매우 위험하다. 위대한 조사 스님들은 이런 공견(空見)을 경계하는 가르침을 많이 남겼다. 공견은 언제나 있다고 보는 상견(常見)과 세상에 아무것도 없다고 보는 단견(斷見)으로 양극단으로 나타나는데 둘 다 세계를 잘못 보는 것이다. 양극단을 벗어나 '중도와 연기법'을 터득해야 진정한 불법을 만날 수 있다.

진제만을 강조해 공 사상에 빠지면 아주 위험하다. 너무 공에만 집착하면 허무주의에 빠지고 가치 판단이 사라지고 부정적인 인간으로 변할 수 있다. 올바르게 법과 윤리를 준수하고 열심히 노력하며 선하게 살아야 한다는 속제적 가르침은 현실을 살아가는데 매우 중요하다. 중도에 입각해 모든 행복도 모든 불행도 스스로 만든다는 사실을 잊지 말아야 한다.

《금강경》은 궁극적인 가르침이기 때문에 진제로서 무아(無我)를 강조한다. 무아법은 나/너, 중생/부처, 선/악 이런 것들의 실체가 없기에 모든 것이 공하다고 보는 것이다. 공(空)이란 '만물에는 고유한 자성(自性)이 없음'을 말한다. 이 말은 어떤 것의 본질을 규정하는 고정된 어떤 실체가 없다는 뜻이다.

하지만 속제의 차원에서 볼 때는 어떤 것도 공하지 않다. 아무것도 없는 것이 결코 아니다. 옳고 그름이 있고, 정의와 불의가 있고, 상과 벌이 있다. 현실에서는 시간과 인연에 따라 오만 가지 사건과 사고들이 생기고 그 가운데 시비가 있고 얽히고설킨 온갖 일들이 벌어진다. 일시적 연기적 관계 속에서 발생과 소멸을 반복하지만 분명 온갖 일들이 벌어지고 있다.

《금강경》에서 예를 들어 사람이 키가 큰 것은 단지 크다는 이름일 뿐이라고 말했다. 크다/작다는 대상을 서로 비교해서 나온 생각일 뿐 절대적으로 큰 것/작은 것은 없다. 그래서 무자성(無自性)이고 공(空)이다. 실재 세계에서 원래 큰 것/작은 것은 없지만 현실 세계에서는 비교하고 저울질하고 표현하고 살기 때문에 큰 것/작은 것이 있다.

'나'는 실제로는 없다.'라는 무아법을 가르치기 위해 부처님은 '나라고 생각될 만한 것들'의 정체를 하나하나 살펴보라고 했다. 과연 무엇이 나인가? 이런 질문을 받으면 흔히 자기의 몸(色), 또는 느낌(受)이나 생각(想), 의지(行)나 자기의 마음(識)을 나라고 대부분 여긴다.

몸, 느낌, 생각, 의지, 마음(色受想行識, 색수상행식), 이 다섯 가지 요소를 오온(五蘊)이라고 하는데, 오온은 현실의 자아를 구성하는 기본 요소다. 그래서 사람들은 오온을 자기 자신이라고 여기는 경우가 많다. 내 몸, 내 느낌, 내 생각… 이렇게 흔히 하는 말에서도 오온을 스스럼없이 자신(나)이라고 여기고 있음을 알 수 있다.

그런데 사람은 오온으로 구성되어 있지만, 오온은 모두 끊임없이 변한다. 물질적인 몸(色蘊, 색온)을 보자. 몸을 구성하는 세포는 시시각각으로 생겼다 사라진다. 짧게는 수일에서 길어야 1년 안에 내 몸의 세포들은 완전히 새롭게 바뀐다. 손톱이나 머리칼이 잘려 나가고 새로운 것이 늘 자라듯이 내 몸 역시 때와 땀과 배설물로 빠져나가고 계속 변하고 늙어 가고 있다. 계속 변하고 늙고 사라져 가는 세포들 가운데 어느 것이 내 몸인가? 육체적인 몸뿐 아니라 정신적인 느낌, 생각, 의지, 마음도 어느 하나 고정된 것이 없다. 모든 것이 상황에 따라 계속 변한다. 우리는 늘 이랬다저랬다 바뀌는 내 생각과 내 마음을 분명히 안다. 시시각각 변하는 마음과 느낌과 생각 가운데서 어느 것을 어느 순간 붙잡아서 내 것이라고 할 것인가.

'이것이 나야.'라고 할 것이 있다면 그것은 변하지 않는 영원한 정체성이 있어야 한다. 하지만 오온은 늘 변한다. 육체는 내 뜻과 상관없이 계속 늙어 가고 병들고 끝내 죽고 말며 생각이나 마음도 어제 다르고 오늘 다르다 그러니 오온 가운데 그 무엇도 '나'라고 딱히 잡아내거나 정할 수가 없다.

"우리는 같은 강물에 발을 두 번 담글 수 없다." 고대 그리스 철학자 헤라클레이토스는 만물이 끊임없이 변한다는 사실을 이렇게 표현했다. 1초 전의 강물도 이미 흘러가 버렸고 1초 전의 내 몸의 세포들도 미세하게 변했다. 어떻게 같은 내가 같은 강물에 발을 담글 수 있겠는가. 변하지 않는 것은 세상에 아무것도 없다. 모든 만물은 오직 원인과 조건에 의해 생겼다가 그 조건이 바뀌면 반드시 사라진다. 그것이 불교적 의미에서 '공'이고 '무아'다.

"너 자신을 알라." 흔히 고대 그리스 철학자 소크라테스가 말한 것으로 알고 있지만 그리스의 델포이 신전 기둥에 새겨진 글귀라고 한다. 소크라테스는 이 말을 자주 인용해 자신의 실상을 바로 아는 일이 가장 중요함을 말했다. 그런데 문제는 무엇을 '자신'이라고 하는지 그것을 정확히 알아야 한다는 점이다.

　동서고금을 막론하고 세계에 대한 탐구는 항상 '나'라는 존재에 대한 탐구로 귀결되었다. 이에 대해 부처님은 '무아(無我)'로 답했다. 정녕 '나'라고 할 것이 없기 때문에 소크라테스식 '자신' 알기는 결국 '자기가 본래 없다.'는 것을 아는 것이다. '나'가 없으면 '너'도 또한 없음을 아는 것이다. 몸도 생각도 마음도 한순간도 머물러 있지 않으니 그 또한 고정된 것이 없음을 아는 것이다.

　불교에서는 수행을 통해 궁극적 지혜(반야)에 도달하고자 한다. 그 궁극적 지혜는 '연기법'과 '공성'을 제대로 통찰하는 것이다. 세상 모든 것들이 일시적이고 연기적으로 발생해서 나타나고 사라진다. 하지만 동시에 만물은 궁극적으로 실재하지 않는다. 이러한 연기법과 공의 이치를 분명히 파악해야 진정한 깨달음이라고 한다.

18

일체동관분 —體同觀分
(일체를 하나로 보다)

"수보리야, 어떻게 생각하느냐? 여래는 육체의 눈을 가지고 있느냐?"

"네, 세존이시여. 여래는 육체의 눈을 가지고 있습니다."

"수보리야, 어떻게 생각하느냐? 여래는 하늘의 눈을 가지고 있느냐?"

"네. 여래는 하늘의 눈을 가지고 있습니다."

"수보리야, 어떻게 생각하느냐? 여래는 지혜의 눈을 가지고 있느냐?"

"네. 여래는 지혜의 눈을 가지고 있습니다."

"수보리야, 어떻게 생각하느냐? 여래는 진리의 눈을 가지고 있느냐?"

"네. 여래는 진리의 눈을 가지고 있습니다."

"수보리야, 어떻게 생각하느냐? 여래는 부처의 눈을 가지고 있느냐?"

"네. 여래는 부처의 눈을 가지고 있습니다."

"수보리야, 어떻게 생각하느냐? 갠지스강에 있는 모래를 부처님은 모래라고 말했느냐?"

"그렇습니다, 세존이시여. 여래는 모래라고 말씀하셨습니다."

"수보리야, 갠지스강의 모래알만큼 수많은 갠지스강들이 있고 그 수많은 강들의 모래알 수만큼 많은 부처님의 세계가 있다면 과연 이것을 많다고 하겠느냐?"

"참으로 많습니다, 세존이시여."

부처님께서 수보리에게 말씀하셨다.

"이렇게 헤아릴 수 없이 많은 세계에 있는 중생들의 온갖 마음을 여래는 낱낱이 다 알고 있다. 왜냐하면 여래가 말한 온갖 마음이란 실로 있는 것이 아니기 때문에 단지 마음이라 이름 부르는 것이다. 왜냐하면 수보리야, 과거의 마음도 찾을 수 없고, 현재의 마음도 찾을 수 없으며, 미래의 마음도 찾을 수 없기 때문이니라."

이 장은 다섯 가지 기능을 가진 눈 이야기로 시작한다. 눈은 마음의 창이라고 하듯이 눈은 사람의 마음을 그대로 보여 주는 정직한 거울이다. 맹자도 그 사람이 어떤 사람인지 알아보려면 그 눈을 보라고 했다. 옛말에 '몸이 천 냥이면 눈은 구백 냥'이라고 하듯 신체에서 보는 일을 하는 눈은 대단히 중요한 위치에 있다.

그런데 '본다.'는 것은 사물을 감지하는 단순한 시각 기능만 말하는 것이 아니다. 세상의 이치를 꿰뚫어 아는 깊은 안목을 '본다.'라고 표현한다. 예지력이 있거나 통찰력이 있는 사람을 두고 "저 사람은 뭐 좀 볼 줄 안다." "보는 눈이 있다."라고 하듯이.

그런 의미에서 '보다'라는 말은 동사의 끝에 자주 붙여서 쓰인다. 먹어 보다, 들어 보다, 입어 보다, 알아보다, 찾아보다, 생각해 보다… 그러므로 사물의 본질을 꿰뚫어 보고 아는 능력은 매우 심오한 경지를 이르는 말이다.

눈에는 생명의 근원 속에 들어 있는 다섯 가지 기능이 있다. 모든 사람은 이 다섯 가지 눈의 기능을 본래 가지고 있지만 어리석음과 미혹함 때문에 스스로 그 능력을 알지도 못하고 쓰지도 못한다.

부처님은 미혹된 마음을 벗어나면 누구나 이 다섯 가지 눈을 뜨게 된다고 했다. 여기 18장에 나오는 다섯 종류의 눈, 즉 육안(肉眼), 천안(天眼), 혜안(慧眼), 법안(法眼), 불안(佛眼)은 각각 어떤 성질의 눈인지 알아보자.

육안(肉眼)은 태어나면서부터 받은 육체의 눈이다. 주로 시각 기능을 담당하는 기관으로 육안은 가시적인 영역만 볼 수 있다. 빛이 없으면 아무것도 볼 수 없고 빛이 있어도 가시광선 너머로는 보지 못한다. 건물 안에 들어가면 벽에 가려 건물 외부는 보지 못하고 산이 앞을 가로막으면 산 너머는 보지 못하는 보통의 눈이다.

천안(天眼)부터는 보통 사람들에게는 없는 눈이다. 가시적인 물질세계를 초월한 눈이기 때문이다. 천안 건물의 벽이나 높은 산 같은 외적인 장벽을 넘어서 볼 수 있고 심지어 귀신이나 영혼과 같은 다른 세계를 볼 수도 있다. 육안을 넘어 더 멀리 보는 투시력으로 다른 말로 천리안(千里眼)이라고 한다.

하늘에 사는 천신들의 눈도 천안이라고 한다. 하지만 현생에서도 수준 높은 수행자는 천안이 생겨 물질세계를 넘어 투시할 수 있다. 옛날 뛰어난 고승들은 천안통이 생겨 일주문 밖에서 누가 오는지 방 안에서 훤히 다 알았다고 한다.

혜안(慧眼)은 자기 내면으로 깊이 들어가 자성(自性)을 보는 눈이다. 흔히 소승불교 성자들의 눈이라고 한다. 깊은 내면의 수행을 통해 선정의 힘이 커지고 지혜의 힘이 충분히 자라면 혜안이 열린다. 혜안을 얻으면 세상의 이치를 깨닫고 지혜의 힘을 통해 어떤 어려운 일도 해결하는 깊은 안목이 생긴다고 한다.

법안(法眼)은 우주의 공(空)과 무한(無限)을 다 아는 눈이다. 우주의 근본인 공성을 보는 능력으로 보살이 갖춘 눈이다. 법안을 갖추면 진공묘유(眞空妙有, 참으로 비었으되 묘하게 있음)의 원리를 알고 일체중생이 부처와 다르지 않고 똑같이 평등함을 알게 된다고 한다.

불안(佛眼)은 부처님의 눈으로 앞서 말한 육안, 천안, 혜안, 법안을 모두 다 갖추고 그것을 뛰어넘는 눈이다. 불안을 갖추면 미세하게나마 남아 있는 번뇌가 영원히 사라지고 완전하게 밝아서 온 세상을 두루 비춘다. 불안으로는 우주 삼라만상의 원리를 모두 알고 일체중생을 평등과 자비로써 대하게 된다. 부처의 눈에는 일체중생이 고통에서 헤매는 가련한 존재이기 때문에 중생 구제의 원력이 저절로 생기며 대자대비(大慈大悲)의 마음을 내지 않을 수 없다.

이 다섯 종류의 눈은 사람마다 본래 갖추고 있는 신비한 능력이지만 그것을 쓸 수 있는 수행 경지에 이르지 못했기 때문에 대부분은 육안만 사용하며 살고 있다. 부처님은 불안(佛眼)으로써 온 우주를 꿰뚫어 보시고 이 우주에는 수많은 부처님 세계가 있다고 말했다. 갠지스강의 모든 모래알 수만큼이나 많은 갠지스강들이 있고 그 수많은 갠지스강들의 헤아릴 수 없이 많은 모래알 수만큼이나 부처의 세계가 있다고 했다.

2010년 우리나라의 금융자산 총액이 처음으로 1경(京) 원을 돌파했다고 한다. 1경은 1조의 1만 배, 1억의 1억 배로 너무 큰 단위라 컴퓨터조차 계산이 힘들고 현실에서 거의 쓰이지 않는 단위다.

경에서 1만 배씩 계속 커지면서 상상을 초월하는 수 개념들이 나온다. 해, 자, 양, 구, 간, 정, 재, 극, 《금강경》에 나오는 항하사, 아승기, 나유타, 그리고 더 무한한 불가사의, 무량수, 무량겁 등 불교는 엄청난 크기의 수 개념들을 사용한다.

무한수 개념을 보통 '수억 겁' 또는 '영겁'이라고 하는데 《잡아함경》에는 '겁'을 다음같이 정의한다.

"사방 1유순(약 10킬로미터)의 거대한 바위를 1백 년마다 한 번씩 선녀의 하늘거리는 옷으로 살짝살짝 쓸고 갈 때 그 돌이 다 닳아 없어져도 끝나지 않는 시간. 또는 사방상하 1유순 되는 성안에 눈곱만 한 겨자씨를 가득 채우고 1백 년마다 한 알씩 꺼내고 또 꺼내도 끝나지 않는 시간."

이렇듯 '겁'의 시간을 고대인의 상상력으로 재미있게 비유하지만 실제로 석가모니 부처님이 한번 발심해서 성불하기까지 3아승기 겁, 또는 백대 겁의 시간이 걸렸다고 한다. '일 겁'도 어마어마한데 3아승기 겁 또는 백 겁이라니 상상이 안 된다.

이런 무한수 개념은 인간의 사고를 초월하는 것이다. 그런데 오늘날 현대과학에서는 인간이 상상할 수 없는 수많은 별과 다양한 세계가 우주에 존재한다고 한다. 고대 과학으로는 가늠조차 못했던 우주의 불가사의한 무한함을 부처님은 다섯 가지 눈으로 이미 다 보셨던 것이다. 그래서 샘물 한 컵에 수억 마리의 보이지 않는 미생물들이 살고 있음을 아셨고 삼천대천 세계라는 무한한 우주 공간을 말씀하신 것이다.

그런 부처의 눈으로 모든 불국토에 살고 있는 중생들의 마음을 다 알고 보신다고 했다. 일체중생들은 아무도 같은 얼굴이 없듯이 모두 다른 마음을 지니고 있고 각자 다른 자기의 세계에서 살고 있다. 하지만 부처님은 그 모든 중생의 마음을 다 알고 보신다고 했다. 과연 어떻게 알고 볼까? 그 답은 실로 간단하다.

"왜냐하면 모든 마음은 실로 있는 것이 아니라 그 이름이 마음이기 때문이다."

부처님의 해탈한 눈 즉 불안(佛眼)으로 볼 때 근본적으로 마음이란 없다. 중생은 육안으로 보기 때문에 늘 망상과 분별에 사로잡혀 자기 마음이 있다고 생각한다. 그래서 자기 마음이라는 헛것에 늘 얽매여 산다.

하지만 부처님의 눈으로 볼 때 우리가 생각하는 마음은 인연과 조건에 따라 잠시 일어나는 현상일 뿐 실제로 있는 것이 아니다. 중생들은 느낌과 작용에 집착하여 허망하고 실재하지 않는 마음을 괴롭다, 좋다, 싫다 말하지만 그것은 변화무쌍한 현상과 작용일 뿐이다. 근본적으로 텅 빈 허공에 흰 구름과 먹구름이 왔다 갔다 한 것에 불과하다.

그래서 앞에 17장에서는 마음이란 과거에도 현재에도 미래에도 붙잡거나 얻을 수 없는 것이라고 말했다. 일체의 마음은 변하는 것이므로 '내 마음'은 과거에도 현재에도 미래에도 없다. 현재라고 하는 순간 즉시 과거가 되고 미래라고 하는 순간 현재가 되니 어느 때 마음을 과거, 현재, 미래의 마음이라 할 것이며 어느 마음을 과연 붙잡을 수 있겠는가.

마음이 없음을 가르쳐 주는 유명한 일화가 있다. 중국 선종의 두 번째 조사가 된 혜가 스님이 초조 달마대사의 제자가 되기 전 처음 대면했을 때의 이야기다.

9년간 면벽 수도를 하며 세상과 등지고 동굴 속에 앉아 있는 달마대사를 어느 날 신광이라는 젊은이가 찾아왔다. 달마대사가 거들떠보지도 않자 흰 눈이 내리는 겨울에 자기의 왼팔을 그 자리에서 잘라 결연한 신심을 보였다. 붉은 피를 뚝뚝 흘리며 폭설이 내리는 동굴 밖에서 밤새 달마대사를 기다렸다.

결국 달마대사가 밖으로 나와 "무슨 일로 왔는가?" 하고 물으니 "제 마음이 불안하니 마음을 편안하게 해 주십시오."라고 말했다. 달마대사는 "그 불안한 마음을 가져오면 해결해 주겠노라."라고 했지만 신광은 아무리 찾아봐도 그 불안한 마음을 찾을 수가 없었다. 이때 달마대사는 "이미 네 마음을 편안하게 해 주었노라."라고 말했다.

아무리 찾아봐도 불안한 마음이 도대체 어디에 있는지 찾을 수 없다는 이 말을 듣고 우리도 번뜩 깨달아야 한다. 평소에 막연히 마음이 힘들다, 불안하다, 우울하다라고 말하지만, 과연 어디에 그런 마음이 있는지 스스로 찾아보라. 끊임없이 변하는 생각과 마음 가운데 어느 것을 콕 집어내서 바로 이것이야 하고 가져올 수 있을까. 이 일화를 듣고도 번뜩 알아차리지 못했다면 불안한 내 마음이 어디에 있는지 계속해서 곰곰이 깊이 있게 자기 내면을 관찰해 보자. 그러면 달마 대사의 처방이 얼마나 명쾌한 약인지 알게 되리라.

19

법계통화분 法界通化分
(법계를 모두 함께 교화하다)

"수보리야, 어떻게 생각하느냐? 어떤 사람이 삼천대천 세계를 가득 채울 만큼 엄청나게 많은 칠보로써 널리 보시한다면 그 인연으로 이 사람은 복덕을 많이 받겠느냐?"

"그렇습니다, 세존이시여. 이 사람은 참으로 많은 복을 받을 것입니다."

"수보리야, 만약 복덕이 실제로 있다면 여래는 복덕이 많다고 하지 않았을 것이다. 복덕이란 실로 있는 것이 아니기에 여래는 복덕이 많다고 말한 것이다."

사람들이 말하는 다복(多福)함은 돈이 많고 오래 살고 자식 잘되고… 등등이다. 여기서 복덕은 뜬구름같이 떠돌다 사라지는 세속의 부귀영

화를 의미한다. 하지만 부처님이 말씀하신 복덕은 그런 부질없는 세속의 혼탁한 복(濁福, 탁복)이 아니다.

참된 복덕이란 본래 눈에 보이고 손에 잡히는 것이 아니다. 그렇기 때문에 그 많고 적음을 논할 수가 없다. 칠보를 보시함으로써 얻은 복으로는 깨달음에 이를 수 없기 때문에 참되고 깨끗한 복(淸福, 청복)이 아니다. 아무리 세간의 복이 많다 해도 해가 뜨면 한순간에 사라질 이슬처럼 허망한 것이다. 그래서 복이 많은가 적은가는 분별하고 경쟁하고 값을 따지는 현실 세계에서만 통한다.

상(相)이 없으면 시비분별이 없기 때문에 복덕의 양이 많은지 적은지 따지는 일이 의미가 없다. 그리고 진정한 복덕은 수행으로 누리는 청정한 무위복(無爲福)인데 그것은 값이나 양으로 잴 수가 없다. 거기에는 얻을 것도 잃을 것도 없으며 행과 불행이 따로 없고 지극히 고요한 평화와 기쁨만이 있을 뿐이다. 불법을 공부하여 지혜를 이루고 본래 청정한 불성대로 사는 삶이야말로 참된 복덕을 누리는 길이다.

중생들이 사는 분별의 세계는 오온의 작용으로 돌아간다. 우리의 심신은 색(色), 수(受), 상(想), 행(行), 식(識)이라는 다섯 요소(오온)로 이루어져 움직이고 있다. 색은 몸이고, 식은 마음이다. 수, 상, 행은 마음에서 일어나는 느낌이나 생각, 의지 같은 세부적인 심리 작용들이다.

그런데 오온은 모두 무상하다. 육체도 매일 조금씩 늙어 가고, 괴롭고 즐겁다는 느낌도 매번 다르고, 마음은 오만 가지 생각으로 죽 끓

듯이 늘 바뀐다. 이렇게 무상하게 변하기 때문에 오온 가운데 그 어떤 것에도 복덕이 붙을 자리가 없다. 오온이 없는데 복덕이 어디 있을까. 그리고 복덕을 누릴 '나'도 없는데 누가 복덕을 받고 안 받고 할 것인가. 그런데도 중생들은 물질과 권세를 좇아 힘들게 살고 있다. 진정한 청복을 누리고자 하는 근본 마음조차 내지 않는 것이 중생의 자화상이 아닌가.

수행의 출발점은 '출리심(出離心)'과 '보리심(菩提心)'이다. 출리심은 무상과 죽음을 생각하며 욕망과 집착을 벗어나려는 마음이다. 보리심은 자기 내면에 있는 부처님과 같은 성품을 깨닫고 중생들을 돕고자 하는 마음이다. 《금강경》을 독송하고 주변에 널리 그 뜻을 알리면서 스스로 출리심과 보리심을 키우고 굳건히 지켜야 한다. 그것이 《금강경》을 배우는 까닭이며 우주 법계에 두루한 진리를 깨닫는 길이다.

20

이색이상분 離色離相分
(물체와 모양을 모두 떠나다)

"수보리야, 어떻게 생각하느냐? 원만하고 거룩한 모습(具足色身, 부처님의 모습을 나타내는 32상 80종호)을 통해 부처를 볼 수 있겠느냐?"

"그렇지 않습니다, 세존이시여. 원만하고 거룩한 모습을 통해 여래를 볼 수는 없습니다. 왜냐하면 여래가 말씀하신 원만하고 거룩한 모습이란 실로 눈에 보이는 어떤 모습이 아니기 때문에 원만하고 거룩한 모습이라고 이름 부른 것입니다."

"수보리야, 어떻게 생각하느냐? 뛰어난 여러 가지 상(相, 외모)을 통해 여래를 볼 수 있겠느냐?"

"그렇지 않습니다, 세존이시여. 거룩하고 뛰어난 여러 상을 통해서는 여래를 볼 수 없습니다. 왜냐하면 아무리 거룩하고 뛰어난 상을 갖추었다 해도 여러 가지를 갖춘 상이 본래 없기 때문에 단지 거룩하고 뛰어난 상이라고 이름 부른 것입니다."

20장은 중생들이 부처님의 참다운 모습(法身, 법신)을 보지 못하고 겉으로 보이는 특별한 모습, 즉 32상 80종호와 같은 외모로 부처를 찾을까 염려해 그런 중생들의 미혹을 없애주고자 설한 것이다.

일반적으로 부처는 범부와 다르게 특별히 고귀한 모습을 지녔다고 생각하기 쉽다. 그래서 고대인들은 부처님만이 지니는 특별한 모습을 32상(32가지의 큰 특징)과 80종호(80가지의 세부 특징)로 정했는데 그 내용이 경전에 전해진다.

실제로 석가모니 부처님은 이천육백여 년 전 인도 가필라국의 왕자로 태어나실 때 이미 아주 뛰어난 외모와 출중한 능력을 타고났다고 한다. 부처님의 사촌 동생이었던 아난존자도 부처님의 워낙 뛰어난 외모와 그에 더해 깨달음까지 이루어 더욱 빛나는 거룩하신 모습을 보고 반해서 즉시 출가를 결심했다고 한다. 그러니 부처님의 그 거룩하고 뛰어난 외모와 눈부시게 찬란한 모습을 가히 짐작할 만하다.

하지만 육체적인 거룩함이나 뛰어남은 헛되이 집착하는 '상(相)'에 불과하다. 여래는 상이 없는 진정한 법신(法身)을 보아야 한다고 거듭 가르쳤다. 하지만 욕심과 성냄과 어리석음에 물든 중생의 육안으로는 여래를 볼 수 없다. 올바른 지혜의 광명이 비추는 혜안으로 봐야 상을 떠나서 여래를 볼 수 있다.

무엇을 무엇이라고 규정하고 분별하는 순간 자기가 만든 상에 얽매이기 마련이다. 예를 들어 누군가를 나쁜 사람이라고 또는 좋은 사람이라고 규정하고 그렇게 바라보는 순간부터 이제 그 사람이 하는 일은 나쁘게만 또는 좋게만 보이는 것과 같다. 자승자박(自繩自縛, 자신이 만든 줄로 제 몸을 스스로 묶는다는 뜻)인 셈이다.

모든 거룩하고 뛰어난 상을 다 갖춘 몸을 구족색신(具足色身)이라고 한다. 그런데 구족색신의 진정한 이치는 구족함이란 본래 없는 것이라는 즉비구족(即非具足)에 있다. 구족색신을 말하고도 다시 즉비구족을 안다면 비로소 청정 법신(法身)을 보게 된다. 법신은 상이 없고 경계도 없고 집착도 없는 눈에만 보이기 때문이다.

그러므로 거룩한 외모를 가진 부처님이라는 상을 벗어나야 진정한 여래를 만난다. 형체나 모양을 가진 것은 모두 본래 있는 것이 아니다. 색신(육체)은 아무리 아름답고 뛰어나게 보여도 생멸의 법칙을 벗어나지 못하며 영원하지 못하다. 오직 그 이름으로만 일시적으로 상대적으로 있는 것이다.

이런 맥락에서 다시 《금강경》의 기초가 되는 공 사상을 현대과학의 발전과 연관해 정리해 보자.

역사상 인간이 세계를 바라보는 서로 다른 두 관점이 있다.

하나는 '영원하고 불멸한 본질이 따로 있다.'라는 것이다. 플라톤의 이데아론이 대표적이며 서양 사상의 뿌리를 이루는 세계관이다. 감각 세계는 일시적이고 항상 변하지만 감각 세계 너머에 영원한 본질이 따로 있다는 관점이다. 철학자 칸트나 뉴턴 같은 과학자도 '시간과 공간'은 감각 세계를 초월한 선험적인 것이며 언제 어디서나 똑같이 존재하는 영원불변의 진리로 보았다.

다른 하나는 '세상의 모든 것들은 다 변하며 영원한 것은 없다.'라는 것이다. 모든 것이 무상(無常)하며 '나'라고 할 것이 없다(無我, 무아)라는 무상과 무아론은 불교의 대표적 가르침이다. 아무리 미세하고 작은 것이라도 실체가 없다. 세상 모든 것은 계속 변화하며 일시적으로 연기적으로만 존재하고 이내 사라진다. 우리가 있다고 생각하는 세계는 오직 '내 감각으로 보는 세계'일 뿐 객관적인 실재가 아니다.

그런데 현대과학의 발전으로 아인슈타인의 상대성이론이 등장하면서 첫번째 관점 즉 영원불멸한 것이 있다는 생각은 흔들리게 되었고 뉴턴이 불변이라고 생각했던 시간, 공간 개념도 무너졌다. 시간과 공간은 항상 동일하고 일정한 것이 아니며 우주의 어디에 위치하느냐, 어디서 보느냐에 따라 계속 변한다는 사실이 입증되었다. 게다가 최첨단 과학기술을 이끄는 양자역학의 발달로 미시세계는 더욱 신비한 불확정성을 가진 것으로 드러났다. 3차원적 인간이 만든 법칙으로는 알 수 없는 예측 불가능하고 신비한 세계가 있음이 밝혀졌다.

현대과학이 발전할수록 불변의 본질이 있다는 서구적 세계관보다는 무상과 무아를 주장하는 불교적 세계관에 과학이 더 가까워지는 경향이다.

아인슈타인은 《만년(晚年)의 회상》이라는 자신의 글에서 다음과 같이 불교를 말했다.

"미래에 언젠가 온 우주를 포괄하는 보편종교가 생긴다면 그런 종교에서 기대할 만한 특징들을 바로 불교가 갖추고 있습니다. 불교는 인격 신 따위를 믿는 수준을 넘어서며 어떤 도그마도 고집하지 않고… 불교의 가르침은 자연적인 것과 정신적인 것을 모두 포괄합니다."

불교가 현대과학과 손을 잡을 수 있는 여지가 크다는 점은 오늘날 양자물리학의 발달로 더욱 분명해지고 있다. 인류의 정신적인 스승으로 존경받는 티베트의 달라이 라마도 불교의 이제(二諦, 진제와 속제) 사상을 통해 불교는 현대물리학인 양자역학과 긴밀히 통한다고 말했다.

속제(俗諦)란 세속적 진리라는 뜻으로 겉으로 보이는 세계에서 우리가 일상적으로 마주하는 원리를 말한다. 물리학으로 말하자면 거시세계적 통찰이 속제적 진리인 셈인데, 뉴턴의 고전역학이 이런 거시세계의 원리를 뒷받침하는 이론이다. 반면 미시세계를 조명하는 양자역학이 발전함에 따라 현실적인 관찰로는 이해할 수 없는 진제적 원리가 드러나고 있다.

눈에 보이지 않는 극히 작은 미시세계로 깊숙이 들어가면 거시세계와는 너무나 다른 미립자 세계의 비밀이 나타난다. 거시세계와는 완전히 다르게 돌아가는 미시세계의 원리는 현대 양자역학이 점점 그 원리를 파헤치고 있는데, 불교적으로 말하면 근본 진리인 진제(眞諦)와 통한다. 다시 말해 정해진 객관적 실재가 있음을 부정하는 양자역학적 세계관은 불교의 공 사상과 통한다.

양자역학이 불교와 어떻게 통하는지를 연구한 과학자 김성구는 "허깨비 같은 소립자들로 구성된 거시세계를 객관적으로 있다고 보는 것은 사물이 뒤집힌 전도(轉倒)이며 몽상(夢想)이고 환상(幻想)이다. 사람들이 어떤 사물이 어떤 모습으로 있다고 생각하는 것은 눈, 귀, 코, 혀, 몸의 다섯 감각기관으로 각자 지각한 것이며 각자의 관찰 세계일 뿐 객관적 실재라고 할 수 없다."라고 지적했다.

또 양자역학과 마음의 세계를 연결해 새로운 패러다임을 시도하는 현대과학자들도 있다. 그 가운데 불교와 마음의 문제를 현대과학의 발달과 연관시켜 연구한 과학자의 설명을 들어 보자.

"양자역학은 오늘날 스마트폰, 반도체, 인공위성 같은 첨단과학을 이끄는 주요 원동력이지만 사실은 마음에 관한 이론이다. 양자역학은 마음이 어떻게 실재를 드러내는가 하는 궁극적으로 마음의 본성에 관한 이론이다.

우주는 참여적인 세계다. 관찰자의 관찰(참여)로 어떤 경계가 생기는데 그 경계는 우리 자신의 마음에 의해 만들어진다. 그런데 마음은 비뚤어진

장막을 드리워 근원적인 알아차림을 감추고 방해한다.

양자의 보이지 않는 미시세계와 일상적으로 경험하는 거시세계는 사실 다를 게 없다. 그 사이에 경계가 없지만 마음이 만든 덫에 의해 그 사이에 간극과 차이가 생긴다. 우리는 자기 마음의 덫에 걸려서 이렇다 저렇다 차이를 만들고 번뇌와 갈등을 일으킨다.

…

양자역학에서 과거−현재−미래로 이어지는 직선적 시간은 없다. 시간이 존재한다면 그건 시작도 끝도 없는 순환과 반복이 있을 뿐이다. 역사상 위대한 성인들은 우주적 시간의 의미를 이미 알고 있었다. 우주가 어떤 시점에서 사라지면 또 새로운 순환을 시작하며 우주는 계속 이어지는데 이는 불교의 가르침과 같다.

오직 있는 것은 지금(현재)뿐이다. 과거란 특정 경험에 대한 기억일 뿐이며 미래는 아직 일어나지 않았고 오직 지금만이 영원하다. 시간은 오직 마음속에 있다.

…

그러므로 양자역학이 주는 교훈은 관찰자의 자유, 그리고 관찰 대상(자연)의 자유, 이런 진정한 자유가 세상을 움직인다는 것이다. 경계는 관찰자가 만들어 낸 것이다. 다시 말해 우리 마음에 의해 자유로운 세상에 어떤 경계가 만들어진다. 그래서 우리의 마음이 장애가 되어 근원적 알아차림을 가로막지만 시간 너머로 가면 완전한 고요로 가득한 참된 마음의 세계가 있다.

절대적인 시간과 공간은 없기 때문에 '우리가 진실이라고 믿는 모든 것이 과연 존재하는가?'라는 의문을 던지게 된다. 시간을 넘어서야 눈에 보이는 현상 너머에 도달하며 시간은 오직 마음속에만 있을 뿐이다.

우주가 시작되기 이전의 공(空)이란 아무것도 없는 것이 아니라 무엇이든 존재할 수 있는 가능성이다. 이런 공(空) 상태가 양자진공인데 양자역학을 이해하려면 양자진공에 대한 이해가 필수다. 그런데 석가모니 부처님은 이미 이천육백여 년 전에 이것을 이해하신 분이다.

미나스 카파토스, 《생생한 존재감의 삶》에서(미륵사)

두 과학자의 이야기를 들어 보니 불교의 공 사상이 어떻게 현대과학과 만나는지 조금이나마 짐작된다. "보이는 세상은 실재가 아니다."라는 지적이 금강경의 가르침과 그대로 통한다. 이는 오늘날 양자역학자들이 우주를 설명하는 기본 입장이다. 《금강경》 도처에 나오는 "단지 …라고 이름 부를 뿐 실재 … 가 있는 것이 아니다."라는 부처님의 가르침과 똑같지 않은가.

우리가 물질의 기본 단위로 알고 있는 원자도 거의 진공 상태라고 한다. 원자를 구성하는 핵과 그 주변을 도는 전자의 모습을 어떤 과학자는 이렇게 비유했다. "거대한 잠실운동장 한가운데에 사과를 하나 둔 것이 핵이라면 전자는 텅 빈 운동장 허공에서 돌고 있는 탁구공과 같다." 그 나머지 공간은 다 텅 비었으니 원자로 이루어진 세상 만물은 물리적으로 볼 때도 이미 텅 빈 것이다.

우리가 분명히 있다고 보는 세상 모든 것들은 사람이나 사물이나 사건이나 모두 각자의 눈으로 보고 해석한, 다시 말해 자기 마음이 만들어 낸 것이다. 그것을 《금강경》에서는 사상(四相), 즉 아상·인상·중생상·수자상이라고 한다. 각자의 눈으로 해석한 상(相)을 객관적인 세계라고 믿고 엄청난 착각을 하며 중생들은 살아가고 있다. 앞서 인용한 과학자 미나스 카파토스는 '오직 우주에는 사물을 보는 수관적 경험 세계만이 있을 뿐'이라고 말했다.

첨단과학이 고도로 발달한 오늘날에도 여태껏 과학이 밝혀내지 못한 것이 인간의 마음이다. 아무리 물질세계를 초미립자 수준까지 모조리 분석해서 밝힌다고 해도 결국 우리 마음을 알지 못하면 우주를 이해하기 어렵다. 현대물리학이 아무리 발달해도 그것에 대한 해석은 결국 인간의 마음에 있다는 말이다.

불교에서 말하는 일체유심조(一切唯心造)의 원리를 꿰뚫지 못한다면 우주와 세계는 미스터리로 남을 수밖에 없다. 과학은 불교와 통하면서 더욱 깊은 우주의 비밀을 열게 될 것이다.

21

비설소설분 非說所說分
(어떤 법도 말로써 설법할 수 없다)

"수보리야, 이렇게 말하지 말라. '여래는 분명히 설법한 것이 있다고 생각한다.'라고 말해서는 안 된다. 왜냐하면 만약 어떤 사람이 여래가 설법한 일이 있다고 말한다면 이는 여래를 비방한 것이며 내가 말한 참뜻을 이해하지 못한 것이기 때문이다. 수보리야, 여래의 설법이란 실로 어떤 법도 설한 것이 없기 때문에 단지 설법한다고 이름 부르는 것이니라."

이때 수보리가 부처님께 여쭈었다.

"세존이시여, 미래에 이 가르침을 듣고 올바른 믿음을 내는 중생들이 있겠습니까?"

부처님께서 말씀하셨다.

"수보리야, 그들은 중생이 아니다. 그렇다고 중생이 아닌 것도 아니다. 왜냐하면 여래는 중생이 중생이 아니며 그 이름이 중생이라 했기 때문이다."

　사실 부처님은 깨달음을 이룬 이후 사십 년이 넘도록 수많은 중생들에게 수많은 설법을 했다. 그 수많은 설법 내용을 수행자들이 기억하고 구전으로 전해 오다가 문자로 정리된 것이 방대한 양의 팔만대장경이 아닌가. 그런데도 석가모니 부처님은 열반하시기 전에 "한마디도 설한 바가 없다."라고 했다. 《금강경》에서도 "나는 설법한 일도 없고 그 설법을 듣는 중생도 없다."라고 잘라 말했다. 수보리에게는 자신이 결코 설법했다는 생각도 하지 말고 그렇게 말하지도 말라고 여기 21장 첫머리에서 밝히셨다. 왜일까?

　보통 사람들은 늘 생멸심을 내기 때문에 여래의 설법을 들으면 마음에 얻은 바가 있어서 무엇을 들었고 무엇을 알았다는 상을 낸다. 그러나 여래의 말씀이나 또는 침묵은 모두 무심하고 여여(如如, 항상 그러하다)하며 아무런 흔적이 없다. 무위법으로 설하신 까닭이다. 소리가 나면 거기에 반응해 메아리가 울리지만 아무런 흔적이 없이 울리는 소리인 것과 같다.

　그러므로 부처님이 설한 바가 없다고 한 뜻은 부처님의 언행에 집착하지 않고 법이라는 상(相)에 집착하지 말라는 것이다. 부처님의 설법은 강을 건너는 뗏목과 같다고 했다. 뗏목은 강을 건널 때만 필요하지 일단 강을 건넜으면 필요가 없으니 버려야 한다. 그런데 부처님이 주신 소중한 뗏목(설법)이니까 강을 건넜어도 계속 등에 짊어지고 다닌 다면 참으로 우매한 노릇이다.

그래서 아무리 많은 법을 말했다 해도 어떤 법도 본래 말할 수 없는 것이며 그저 설법이라는 이름을 붙인 것이다. 설법은 말로 표현하는데 진정한 불법은 말로 표현할 수가 없다. 말은 언제나 제한적이다. 언어와 문자는 진실을 온전하게 담을 수 없으며 그 언저리를 간접적으로만 전달하기 때문에 말로 표현하는 진정한 설법이란 불가능한 것이다.

말(언어)의 한계에 대해 한번 생각해 보자. 만약 자신이 기가 막히게 맛있는 요리를 먹고 그 맛을 다른 사람들에게 설명할 수 있는가. 어떤 미사여구를 끌어다가 말해도 그 맛을 다 표현할 수 없다. 오직 그 요리를 직접 맛보아야만 그 맛을 알 수 있다.

이럴진대 부처님의 깨달음의 법을 어찌 말로 표현할 수 있을까. 오직 스스로 깨달아 증득(證得)할 뿐 언어와 문자를 통해 그 깨달음을 알려 줄 수 없다. 그러니 부처님의 설법은 진정 설한 바 없는 설법이므로 다만 설법이라 명명한 것이다.

이 점을 분명히 깨달은 수보리는 과연 부처님이 돌아가신 후 미래의 중생들도 부처님의 이런 믿기 어려운 말씀을 믿게 될지 의문스러웠다. 이때 부처님은 아주 오묘한 답을 했다. 과연 무엇이 중생이란 말인가. "저들은 중생이 아니고 중생이 아닌 것도 아니다. 그저 이름이 중생일 뿐이다."

　다시 말해 누구누구는 중생이다 하고 정해진 중생들은 없다. 중생과 부처는 둘이 아니다. 깨달으면 부처요, 무지(無知)하면 중생이다. 본래는 누구나 모두 부처라고 한다. 아무리 사악한 짓을 일삼는 죄인이라도 그의 근본은 부처다. 지금은 죄를 지으며 중생에 머물고 있지만 여러 생을 돌면서 언젠가 그도 부처가 될 수 있다. 사람뿐 아니라 일체의 생명체가 다 성불할 수 있기에 일체중생은 모두 평등하다. 그러므로 따로 중생이라 분류될 존재는 없으며 오직 무명에 쌓인 모습에 머물러 있기 때문에 중생이라는 이름으로 불릴 뿐이다.

22

무법가득분 無法可得分
(얻을 법이 따로 없다)

수보리가 부처님께 여쭈었다.

"세존이시여, 부처님께서는 가장 높고 올바른 깨달음이라 할 어떤
법도 얻은 일이 없습니까?"

부처님께서 말씀하셨다.

"그렇다, 참으로 그렇다, 수보리야. 나는 가장 높고 올바른 깨달음
이라 할 어떤 법도 얻은 일이 없기 때문에 가장 높고 올바른 깨달음
이라고 단지 이름 부를 뿐이니라."

붓다(부처)란 '깨달은 자'라는 뜻이다. 보리수 아래에서 싯다르타는
가장 높고 올바른 깨달음인 아뇩다라삼먁삼보리를 증득했다. 즉 가장
높고 바른 깨달음(무상정등정각)을 이루어 부처가 되었다.

하지만 이런 부처의 깨달음은 깨달음을 얻었다고 할 어떤 것이 없는 깨달음이다. 왜냐하면 본래 얻을 것이 없음을 깨달았기 때문이다. 만약 신비한 초능력이나 불가사의한 힘이나 그런 것을 얻었다고 한다면 그것은 모두 바른 법이 아니다. 그래서 부처님은 비록 깨달았다 해도 어떤 법도 얻은 일이 없다고 이 장에서 분명히 밝히신 것이다.

고정된 진리는 진리가 아니다. '이것이다.'라고 결정해서 내세우면 그것은 집착이요 위험한 도그마로 떨어진다. 스스로 부처라고 자기를 내세우면 이미 부처가 아닌 것과 같다. 부처님이 도를 이룬 후 사십여 년간 수많은 설법을 했고 또 수많은 방편을 써서 그 대상에 맞는 대기설법(對機說法)을 했지만, 열반할 때에는 단 하나의 법도 설한 적이 없다고 한 이유도 그와 같은 원리다.

물은 어떤 그릇에 담느냐에 따라 둥글게도 모나게도 보인다. 하지만 어떤 모습으로 보여도 물의 원리나 본질을 파악할 수는 없다. 심지어 물의 분자식인 H_2O를 분석하고 따진다면 거의 비었을 만큼 실체가 없다고 한다. 그렇다고 물이 없는가? 우리는 늘 물을 마시고 물의 혜택을 누리며 산다.

이처럼 근원적인 차원에서 우주는 공(空)하다. 제행무상(諸行無常)이요 제법무아(諸法無我)다. 하지만 공 가운데서도 만물은 살아 움직이며 일시적, 연기적으로 끊임없이 존재한다.

그러므로 부처님은 본래 설한 법도 없고 얻을 법도 없다고 했지만,

우리가 배우고 깨우쳐야 할 불법은 엄연히 존재한다.

그리고 진속 이제(眞俗二諦), 근본 진리인 진제(眞諦)와 세속의 진리인 속제(俗諦), 이 두 가지 차원의 진리로 접근해야 실제를 바르게 알 수 있다. 근원적으로 세상은 아무것도 없는 공(空)이라고 할 때는 진제적 접근이다. 하지만 그 활용은 살아서 움직이는 존재의 차원에서, 다시 말해 속제적으로 접근해야 한다.

진속 이제를 표현한 말이 바로 진공묘유(眞空妙有, 텅 비었으되 묘하게 있음)다. 달리 말하면 색즉시공(色卽是空) 공즉시색(空卽是色)이다. 여기서 색이란 물질계를 의미하는데, 공과 색이 다르지 않다는 것은 우리 눈앞에 펼쳐진 거대한 물질세계가 실은 공하다는 뜻이다. 현대과학에서 거시적인 고전역학과 미시적인 양자역학이 서로 완전히 달라 보이지만 둘 다 맞는 것과 같은 이야기다.

이제 불교 사상의 핵심인 12연기법(緣起法)에 대해 알아보자.

연기법은 생명체가 태어나고 죽는 일체의 과정과 그 원리를 말한다. 삼라만상 모든 것은 인과관계에 얽혀 연기적으로 존재한다는 원리다. 연기법이란 이것이 있기 때문에 저것이 있으며 이것이 없으면 저것도 없다는 조건과 상황의 원리다. 변치 않는 것은 세상에 없으며 오직 연기법에 따라 일시적으로 상대적으로 생겼다가 사라진다. 네가 없으면 내가 없고 이것이 없으면 저것이 없다. 이런 상호의존적인 연기의 과정을 12연기라고 하는데 그 순서는 다음과 같다.

① 무명(無明, 무지, 어리석음) → ② 행(行, 업) → ③ 식(識, 마음) → ④ 명색(名色, 정신과 육체) → ⑤ 육입(六入, 여섯 감각기관) → ⑥ 촉(觸, 접촉) → ⑦ 수(受, 느낌) → ⑧ 애(愛, 애착) → ⑨ 취(取, 세계관) → ⑩ 유(有, 성취) → ⑪ 생(生, 태어남) → ⑫ 노사(老死, 늙어 죽음)

　한자 용어도 어렵거니와 그냥 봐서는 왜 이 말들이 연쇄 고리를 형성해 상호 의존관계에 있는지 알기 어렵다. 다음 설명을 통해 12연기법의 이치를 좀 더 자세히 알아보자.

1. 살아 있는 모든 생명체는 세상이 돌아가는 이치를 모르는 **무명**(無明=무지無知) 속에 있다.

2. 그 때문에 무수한 생애를 살아오는 동안 온갖 **업**(業, karma 행行)을 짓는다.

3. 그런 수많은 업이 하나도 빠짐없이 씨앗이 되어 우리 **마음**(識, 식)에 깊이 저장된다.

4. 현생(現生)에 나기 위해 임신될 때에는 업의 씨앗을 간직한 영혼이 수정란과 결합되어 정신과 육체를 갖춘 태아(名色, **명색**)로 자란다.

5. 임신 5주가 되면 태아는 눈 · 귀 · 코 · 혀 · 몸 · 생각 등 여섯 가지 지각기관(**육입**, 六入)이 점차 형성된다.

6. 태아가 세상에 나오면 대상들을 지각할 수 있는 능력(**촉**, 觸)이 생기고

7. 외부 대상을 감각하면서 온갖 괴로움과 즐거움을 받으며(수. 受) 살아간다.

8. 사춘기 이후에는 성욕, 식욕, 재물욕 등 욕망과 애착이 모두 강해진다(애. 愛).

9. 그런 욕망들을 구체화하기 위해 나름의 인생관을 가지며(취. 取)

10. 각자의 기준에 따라 추구하는 욕망을 이루며(유. 有) 산다.

11. 그러나 욕망을 버리지 못했기에 해탈하지 못하며 다음 생에 또다시 태어난다(생. 生).

12. 태어난 다음 성장하면 다시 늙어 죽는다(노사. 老死).

이렇게 윤회하는 생의 가운데서 흘러가고 오는 12가지 변화 과정을 12연기라고 하며 유전문(流轉門, 서로 흐르고 변하는 문)이라고도 한다. 전생, 현생, 내생 사이에 물고 물리며 끝없이 돌아가는 인과관계를 보여 주는 것이 바로 12연기설이다.

12연기법이 작동하는 인과의 사슬은 여러 생에 걸쳐 작동할 뿐 아니라 이번 생에서도 다음과 같이 똑같이 작동하고 있다.

지금 나는 진리를 모르고 산다(무명) → 그래서 모든 행동이 벌어진다(업) → 그것은 언젠가 싹트게 될 씨앗으로 내 마음(식)속에 저장된다 → 태어날 때 어머니의 자궁 속에서 모습이 형성된다(명색) → 그 후 6가지 지각기관(육입)이 형성된다 → 지각기관을 통해 보고 듣고 냄새 맡고 맛보며 외부 대상들과 접촉한다(촉)→ 그것을 통해 온갖 희로애락을 느낀다(수) → 사춘기부터 강해진 갖가지 욕심과 욕망은 항상 분출된다(애) → 그 욕망을 추구하는 인생관을 가진다(취) → 그에 따라 여러 가지를 가지고 이룬다(유) → 이렇게 살고 있지만(생) → 늙어서 죽게 된다(노사).

　이러한 12가지 연결 고리는 전생과 이생에 계속되어 윤회하는 것이다.

　석가모니 부처님의 경우 연기법을 거꾸로 거슬러 가며 해답을 찾고 깨달음에 이르셨다고 한다. 보리수나무 아래에 앉아서 깊은 명상에 들어 '어째서 모든 생명체는 늙고 죽는가'라는 12연기의 마지막 노사(老死)로부터 시작해서 태어났기 때문이라는 11번째 생(生)으로 이어지고 계속해서 삶과 죽음의 원인을 추적해 본 후, 결국 진리를 모르는 어리석음, 즉 1단계의 무명(無明)에서 윤회가 끝없이 벌어져 왔음을 알게 되셨다.

김성철, 《중론, 논리로부터의 해탈, 논리에 의한 해탈》(불교시대사)

　이렇듯 부처님은 12연기법을 연역해서 생명과 세계의 실상에 대한 무명으로부터 윤회가 시작되었음을 깨달았다. 그리고 윤회를 벗어날 수 있는 길로서 사성제를 깨닫고 고통과 번뇌로부터 완전히 해방된 부처가 되었다. 사성제(四聖諦, 네 단계의 성스러운 진리)는 중생들이 무지와 고통을 넘어 자유와 해탈에 이르는 길인데 고·집·멸·도(苦集滅道)의 네 단계를 말한다.

1. 삶은 고통이다(苦).

인간이나 동물 심지어 하늘의 천신까지 모든 생명체의 삶은 궁극적으로 괴롭다.

(행복이라고 여긴 것도 잠시일 뿐 결국 고통으로 변하게 되어 있다.)

2. 고통은 원인이 있다(集).

괴로움은 온갖 번뇌와 망상, 무지(無知)와 어리석음 때문에 생긴다.

3. 고통의 원인은 소멸될 수 있다(滅).

번뇌와 어리석음을 제거하면 편안한 해탈의 경지에 도달할 수 있다.

4. 고통의 원인을 소멸할 수행의 길로 간다(道).

해탈(열반)의 길로 가기 위해 도를 실천한다.

불법의 3대 원리는 '제행무상(諸行無常, 모든 것은 변한다), 제법무아(諸法無我, 본래 '나'는 없다), 일체개고(一切皆苦, 모든 것은 고통이다)'의 세 가지인데 연기법과 사성제는 이 원리를 가르치는 불교의 핵심이다.

이렇게 연기의 과정을 수없이 반복하며 그 굴레를 못 벗어나는 것을 윤회라고 한다. 욕계의 여섯 세계 즉 지옥, 아귀, 축생, 인간, 아수라, 천상을 선업과 악업에 따라 돌고 돌며 계속 생사를 반복하는 것이 육도윤회다.

육도윤회의 악순환을 끊기 위해 우리는 가장 높고 바른 깨달음을 이루어야 한다. 그래서 8정도(正道) 수행이 필요하다. 여덟 가지 올바른 수행법이란 올바른 세계관(正見, 정견), 올바른 생각(正思, 정사), 올바른 말(正語, 정어), 올바른 행동(正業, 정업), 올바른 생활(正命, 정명), 올바른 노력(正精進, 정정진), 올바른 마음 단속(正念, 정념), 올바른 삼매(正定, 정정)를 말한다.

8정도 수행을 통해 무명을 타파하면 연기의 사슬이 끊어지고 마침내 고집멸도의 사성제를 스스로 이루게 된다. 중생의 최종 목표는 선업을 많이 지어 천상에 태어나는 것이 아니다. 윤회의 굴레를 벗어나 해탈하여 영원한 자유인이 되는 것이다. 이를 위해 사성제와 팔정도의 원리를 바르게 알고 실천할 필요가 있다.

23

정심행선분 淨心行善分
(깨끗한 마음으로 선하게 실천하다)

"또한 수보리야, 이 법은 평등하여 높고 낮음이 없다. 그러므로 이
를 가장 높고 바른 깨달음(아뇩다라삼먁삼보리)이라고 부른다. 나와 남
과 중생과 수명에 대한 상을 짓지 않고 집착하지 않으며 온갖 선한 법
을 바르게 닦으면 가장 높고 바른 깨달음을 얻게 될 것이다.

수보리야, 선한 법이라고 한 것은 실제로 선한 법이라 할 만한 법
이 없기 때문에 선한 법이라고 이름 부르는 것이다."

이제까지 《금강경》을 읽어 오면서 우리는 부처님께서 일체의 것들
을 부정하는 말들을 많이 들었다. 부처도 없고 중생도 없고 얻을 법도
없고 거룩한 모습도 없고 반야바라밀도 없고… 그런데도 아무것도 없
다는 단견(斷見)을 멀리하고 다시 일체의 선한 법을 닦고 수행해야 한

다고 이 장에서는 말한다. 왜일까.

왜냐하면 부처님이 말하신 '아님 또는 없음'은 참된 공성에 대한 가르침이기 때문이다. 허무주의나 단멸론(斷滅論, 일체 만물은 끝나면 없어진다)에서 말하는 '아무것도 없음'과는 아주 다르기 때문이다. 오히려 열심히 선법을 닦고 바르게 수행해야 진정한 공(空)을 깨달을 수 있다.

깨달음의 법은 평등하고 높고 낮음이 없기 때문에 누구나 바르게 선법을 닦으면 누구나 깨달음을 이룰 수 있다. 부처님과 여러 성인은 말할 것도 없고 벌레 같은 미물까지 포함해 모든 중생에게는 불성의 씨앗이 내면에 있기 때문에, 깨달음은 비범한 인물들만 성취하는 특별한 사건이 아니다. 금강경에서 가르치는 대로 네 가지 상을 여의고 일체의 선법을 닦는 수행을 통해 누구나 깨달음을 이룰 수 있다.

수행이란 하늘을 날고 비바람을 불러오고 하는 영화에서나 나올 법한 비현실적인 괴이한 능력을 키우는 것이 아니다. 악을 멀리하고 선을 닦는 권선징악은 인간의 기본 도리이며 불법의 기초수행이다. 그리고 어떤 경계를 만나도 흔들리거나 물들지 않으며 욕심과 성냄과 어리석음(貪瞋痴, 탐진치)을 떨치고 중생들이 함께 무명의 늪에서 벗어나도록 돕는 일이 올바른 수행이다.

우리는 이 세상에 태어나기 전부터 여러 생을 통해 많은 업과 번뇌를 쌓아 왔다. 그로 인해 늘 업에 따른 분별심으로 대상을 있는 그대로 보지 못하고 자기 방식에 따라 색안경을 끼고 본다. 내가 본 것이 실제라고 주장하며 서로 싸우고 부딪히며 살고 있다. 내가 보는 대로 대상이 있다고 생각하고 그 대상을 자기 방식대로 고정시킨 것이 바로 아상, 인상, 중생상, 수자상이다.

하지만 내가 본 그대로 대상이 존재하지 않으며 오직 대상에 대한 나의 관념만이 있음을 빨리 자각해야 한다. 우리가 보는 대상은 본래 그 모습이 아니라 나의 생각과 습관으로 내가 만들어 낸 상일 뿐이다. 이 사실을 잊지 않는다면 성냄이나 집착이나 번뇌는 사라질 수 있다. 나에게 보이는 대로 존재하는 것은 아무것도 없다. 모든 것은 공하다. 오직 연기법에 따라 서로 의존해서 일시적이고 상대적으로만 존재한다. 조건과 원인이 바뀌면 모든 것은 변하기 때문에 고정된 것은 아무것도 없다. 내 마음이 무엇에 집착하거나 어떤 생각에 머물러 있다 하더라도 그것은 사실이 아니며 내가 만든 착각과 망상일 뿐임을 얼른 자각해야 한다. 어딘가에 마음이 머물면 거기서 원망과 애착이 생겨 괴로움과 갈등을 빚는다.

《금강경》을 시작할 때 수보리는 부처님께 어떻게 자기의 마음을 다스리고 마음을 머물러야 할지 수행의 핵심 질문을 던졌다. 그에 대한 부처님의 대답이 바로 이제까지 우리가 읽어 온 《금강경》이다.

부처님은 참된 말을 하고 허황된 말을 하지 않는 분이기에 '사상(四相)을 갖지 말라.'라고 계속 강조했다. 사상은 특별한 상황에서만 나타나는 이미지가 아니라 일상에서 늘 발동한다. 그래서 자기 마음이 무슨 생각을 하고 어디에 머물러 있는지, 어떤 번뇌를 일으키고 어떻게 자기도 모르게 나쁜 쪽으로 물들어 가고 있는지 순간순간 마음을 살펴야 한다.

요즘 불교의 영향을 받아 세계적으로 마음 챙김(mindfulness) 명상이 붐을 일으키고 있다. 우리의 의식은 한순간도 잡념이 없을 때가 없다. 오만 가지 생각과 번뇌에 절어서 살지만, 그 가운데 내 마음을 매 순간 들여다보고 치우침 없고 머무름 없는 텅 빈 마음자리를 찾아야 한다. 그것이 깨어 있음이고 마음 챙김이다. 어떤 것에도 머물러 집착하지 않도록 매 순간 마음을 챙기고 다스리는 일, 마음 챙김은 바로《금강경》의 핵심이기도 하다.

그러므로 일체의 선행을 닦고 선한 마음으로 일념 정진해야 한다. 그렇지 않으면 업과 번뇌에 파묻혀 고통에서 벗어나지 못하고 해탈이라는 영원한 행복과 자유를 누릴 수 없다.

24

복지무비분 福智無比分
(복과 지혜는 비교할 수 없다)

"수보리야, 만약 어떤 사람이 삼천대천 세계에 있는 모든 수미산을 다 모아 놓은 만큼 거대한 칠보로써 보시한다고 하자. 또 만약 어떤 사람이 이《반야바라밀경》의 가르침이나 네 구절의 게송만이라도 받아서 지니고 독송하며 사람들에게 그 뜻을 일러 준다고 하자. 그러면 앞서 수많은 칠보로써 보시한 공덕은 경전을 독송하고 일러 준 공덕의 백 분의 일, 천·만·억 분의 일에도 미치지 못할 것이다. 아울러 어떤 산술적인 비유나 셈으로도 경전을 독송하고 일러 준 공덕에 미칠 수 없느니라."

우리가 깨달음을 이루고 성불하기 위해서는 '복덕과 지혜'라는 두 가지 자량(資糧)이 필요하다고 한다. 자량은 어떤 일을 이루는 데 필요한 자산이나 양식을 말한다. 그런데 복덕 자량과 지혜 자량 둘 다 중요한 양식이지만 그 둘은 비교할 수 없으며 나아가 지혜가 복덕보다 훨씬 중요한 자산임을 강조하는 것이 이 장의 제목 복지무비(福智無比)의 뜻이다.

수미산은 삼천대천 세계의 중심이며 가장 높고 거대한 것을 상징한다. 그 수미산만큼 어마어마한 물질을 가지고 세상에 보시한다면 그 복덕은 대단히 클 것이다. 하지만 《금강경》을 받아서 지니며 독송해서 다른 사람들에게 일러 주는 법 보시의 공덕과는 어떤 셈을 해도 비교될 수 없다고 했다.

큰 재물을 보시하는 공덕도 중요하지만 부처님의 법을 함께 나누고 지혜를 길러 주는 법을 보시하는 공덕에는 어떤 숫자를 들이대도 비교가 불가능하다. 재물은 아무리 많아도 다할 날이 있지만 지혜는 깨달음으로 이끄는 길이므로 그 보배로운 공덕은 끝이 없다.

이 장에서는 물질 보시의 공덕보다 법을 베풀고 나누는 지혜의 공덕이 얼마나 중요한지 강조하고 있다. 지혜의 성취가 깨달음의 가장 중요한 요소이기 때문이다.

25

화무소화분 化無所化分
(교화하되 교화한 것이 없다)

"수보리야, 어떻게 생각하느냐?

'여래는 마땅히 중생들을 제도한다는 생각을 하시리라.'라고 말하지 말라. 그렇게 생각해서도 안 된다. 왜냐하면 실로 여래는 한 중생도 제도한 일이 없기 때문이다. 만약 여래가 스스로 중생을 제도한다고 생각한다면 여래는 나와 남과 중생과 수명에 대한 집착이 있다는 뜻이니 결코 그렇게 말하지 말라.

수보리야, 여래가 설법 가운데 '내가 있다.'라고 한 것은 실로 '나'라고 할 어떤 것이 없기 때문에 단지 그렇게 이름 부른 것이다. 그런데 범부들은 실제로 '내가 있다.'라고 여긴다. 수보리야, 범부도 실제로 범부라 할 존재가 따로 없기 때문에 여래는 단지 그 이름을 범부라고 한 것이다."

부처님은 깨달은 자로서 무명에 가득 찬 범부와는 다른 안목과 능력을 갖춘 분이지만 그렇다고 부처만이 무지한 중생들을 제도(구제)하는 것은 아니다. 세상에는 부처님이 제도할 중생이 따로 없기 때문이다. 부처님의 깨달음을 거울삼아 스스로 제도할 능동적인 중생은 있지만, 부처의 힘에 의지해 제도 받아야 할 피동적인 중생은 없다는 말이다.

이 장의 제목은 '화무소화분'이다. 그것은 '부처님의 교화(가르침)는 교화라고 이름 부르지만 실제 교화한 바가 없다.'라는 뜻이다. 왜 그렇게 제목을 붙였는지 의미를 알아야 한다. 부처님이 깨달은 내용을 팔만 사천 법문을 통해 아무리 수준에 맞게 일러 준다 해도 스스로 익히고 정진하지 않는다면 아무도 제도할 수 없다. 스스로 정진해서 참된 무아(無我)를 이룰 때 스스로 부처가 되는 것이다. 절대자의 힘에 따라 범부가 갑자기 부처가 되는 일은 있을 수 없다. 그러므로 부처가 스스로 중생을 제도한다고 생각한다면 이미 부처가 아니며 부처라는 상에 빠진 중생에 불과하다.

어떤 의미에서는 불교에는 제도(濟度=구원)라는 개념이 성립하지 않는다. 구원은 기독교적인 의미로 완벽한 절대자와 그 힘에 기대는 불완전한 중생들이 있을 때에 성립한다. 만약 부처라는 존재가 따로 있다면 중생이라는 존재 역시 따로 있겠지만, 중생도 본래 부처라는 불교적 사고에서 보자면 구원할 부처도 구원받을 중생도 없다. 단지 아직 스스로 깨닫지 못했기 때문에 중생이라는 이름을 붙였을 뿐 부처,

중생이란 고정된 존재는 불교에서 있을 수 없다.

부처라는 말도 마찬가지다. 부처는 다만 이름일 뿐 중생이 무명을 벗어나면 다 부처인데, 굳이 부처라는 거룩하고 특별한 존재를 내세울 까닭이 없다. 중생도 없고 부처도 없는데 어찌 여래가 중생을 제도한다고 말할 수 있을까. 그것은 여래에게 '나'라는 상이 있다는 말이니 이미 여래가 아니다. 설혹 여래가 중생을 제도했다 하더라도 스스로 했다는 의식이 없어야 모든 상을 여읜 참된 여래라 할 것이다.

이런 맥락에서 부처님은 '무아(無我)'를 말하며 이 장을 마친다. 여래는 '내(我)'가 실제로 있어서 있다고 한 것이 아니라 그저 있다는 말을 쓴 것뿐인데, 범부들은 실제로 '내(我)가 있다.'라고 믿는다. 내 몸, 내 생각, 내 마음, 내 느낌, 내 가족… 항상 '나' 중심의 이런 말들을 쓰면서 오온(五蘊=색수상행식)이 곧 나라고 착각하는 사람들이 대부분이다. 그래서 범부라고 불리는 것이다. 범부에게는 나와 남이 있고, 나고 죽음이 있고, 위대한 부처와 어리석은 중생이 따로 있다.

몸과 마음은 지수화풍(地水火風=사대四大, 땅과 물, 불과 바람)이 일시적·연기적으로 결합된 것이고 항상 변하기 때문에 그 어떤 것도 '내 것'이라고 할 것이 없다. '나'라고 착각한 상들을 자꾸 제거해 나가면 결국 나라고 여길 것이 하나도 없음을 알게 된다. 모든 것이 텅 빈 경계에 도달하면 사상(四相)의 공함을 깨닫는다.

결국 우리가 말하는 자아(ego)란 본래 없으며 오직 텅 빈 허공만이 실상임을 알게 되는데 이것이 바로 '무아'요 '참나'이다. 그러므로 참나란 '나 없는 나'이며 이런 참나를 깨닫는 것이 불교 수행의 목적이다.

그러므로 참나를 깨닫는 것은 스스로 무아를 증득(證得, 스스로 증명하고 얻음)하는 일이다. 범부란 임시로 부르는 호칭일 뿐 일체중생은 본래 부처로서 모두 평등하고 존귀하다. 이런 의미에서 선불교에서는 '마음과 부처와 중생이 똑같아 서로 차별이 없다.'라고 해서 '심불급중생 시 삼무차별(心佛及衆生 是三無差別)'이라 한다.

26

법신비상분 法身非相分
(진리의 모습은 상이 아니다)

"수보리야 어떻게 생각하느냐? 서른두 가지 특별한 모습을 지녔으면 여래라고 볼 수 있겠느냐?"

수보리가 대답했다.

"네, 그렇습니다. 서른두 가지 뛰어난 모습을 통해 여래를 볼 수 있습니다."

부처님께서 다시 질문하셨다.

"그러면 전륜성왕도 그런 외모를 지녔기에 여래라고 할 수 있겠느냐?"

수보리는 다시 생각한 뒤 부처님께 대답했다.

"제가 부처님의 말씀을 이해한 바로는 서른두 가지 특별한 모습으로 여래를 볼 수 없습니다."

이때 부처님께서 다음 게송으로 응답하셨다.

"만약 보이는 모습으로 부처를 보려 하거나

들리는 음성으로 부처를 찾으려는 사람은

삿된 도를 행하는 자이니

결코 여래를 볼 수 없도다."

이 장에서 부처님과 수보리의 대화는 의미심장하다. 처음에 부처님께서 형상으로 여래를 볼 수 있는지 질문했을 때, 수보리는 엉뚱하게 대답했다. 부처님은 틀렸다고 말하지 않고 "그렇다면 전륜성왕도 여래라고 하겠군." 하며 반문했고 수보리에게 다시 한번 생각하도록 만들었다. 결국 수보리도 그 뜻을 알아채고 외모의 특별함으로 여래를 볼 수는 없다고 대답을 정정했다.

앞 장에서 수보리는 형상으로 여래를 볼 수 없다고 분명히 대답한 적이 있는데도 부처님으로부터 불쑥 32상과 여래의 관계를 다시 질문받자 잘못 대답하고 말았다. 부처님의 뛰어난 제자도 가끔 헷갈릴 때가 있나 보다.

명상이나 수행을 하다가 신비한 형상을 보았다거나 천사의 목소리를 들었다거나 하는 특이한 체험을 자랑스레 말하는 사람들이 있다. 그럴 때 뭔가 대단한 경지에 이르러 새롭고 신비한 체험을 했다고 부러워하거나 놀라워할 수 있다.

하지만 이 장에서 부처님은 특별한 모습이나 신비한 소리 같은 것들을 통해 진리를 찾을 수 없다고 잘라 말씀했다. 자신의 무의식에서 나온 환상이나 소리들을 무슨 대단한 계시인 양 오해하기 쉽기 때문이다. 이런 상들에 의미를 부여하고 착각해서 도인 행세를 하는 위험한 사람들도 가끔 있다. 바른 스승에게 길을 물어 어떤 것이 정법(正法)인지 분명히 알고 정법대로 가야 한다.

앞에서도 이미 나왔는데 부처님의 외모는 남달라서 서른두 가지의 큰 특징과 팔십 가지의 세부 특징이 있다고 한다. 인도에서 전통적으로 위대한 사람의 이상적인 모습을 32상 80종호로 나타낸다. 불교뿐 아니라 힌두교나 자이나교에서도 이런 외모를 위대한 인물의 상징으로 그리고 있다.

예를 들면 '발바닥이 평평하여 지면에 골고루 닿는다, 발바닥에 바퀴형 문양이 있다, 손가락이 길고 손이 무릎에 닿을 만큼 길다, 손가락과 발가락에 물갈퀴 같은 막이 있다, 몸과 얼굴이 사자와 같다, 털구멍마다 푸른 털이 있다, 피부가 매끄럽다, 보통 사람보다 여덟 개 더 많은 마흔 개의 치아가 있다, 어깨가 둥글고 똑바로 선 신체에 머리 정수리에 육계(肉髻, 부처의 정수리에 있는 뼈가 솟아 저절로 상투 모양이 된 것)가 있고 두 눈썹 사이에 흰 털이 있으며 오른쪽으로 돌아 항상 빛을 발하며, 온몸이 금색으로 빛난다.' 등등.

80종호는 32상에 좀 더 추가해서 '코가 높고 길다, 눈썹이 초승달 같

고 짙푸르다, 몸이 깨끗하고 유연하다.' 등의 여러 세부 특징을 말한
다. 오늘날 사찰에 세운 불상들도 32상 80종호를 그대로 다 표현하지
는 않았지만, 어느 정도 반영된 모습이다.

사실 부처님의 이런 특별한 외모는 실제 모습이라기보다 대부분 상
징적인 것이다. 예를 들어 사람에게는 없는 손가락 발가락의 물갈퀴
는 모든 중생을 빠짐없이 구제한다는 상징이고, 혀가 넓고 길며 목소
리가 아름답다는 것은 부처님의 설법을 장광설이라 하듯 멋지고 유창
한 설법을 상징한다.

그런데 32상 80종호와 같은 특별한 외모는 전륜성왕 같은 세속의
위인들에게도 나타난다고 한다. 전륜성왕은 인도의 신화적인 왕으로
전 세계를 다스리며 태평성대를 이룬 가장 뛰어난 왕이다. 웅장한 칠
보로써 단장하고 아름다운 부인과 훌륭한 신하들의 보좌를 받으며 부
와 권력을 한 손에 쥐고 태평 세상을 이룬 고대 최고의 통치자였다.
중국의 요, 순, 우 삼대의 임금을 백성들이 아무런 걱정 없이 살았던
태평성대로 손꼽듯이 인도에서도 고대의 태평성대를 전륜성왕 통치
기로 본다. 이들 전륜성왕도 부처님과 비슷하게 특별한 외모를 갖춘
위대한 인물이다.

그런데 부처님과 전륜성왕의 차이는 무엇인가. 부처님은 '지혜와 복
덕' 두 가지를 모두 갖추신 분이기에 양족존(兩足尊)이라 부른다. 외모
도 거룩하지만 반야 지혜를 성취해 많은 사람을 이끌 수 있는 정신적

인 힘과 영향력이 뛰어난 분이기 때문이다. 반면 전륜성왕은 세속적인 복덕은 많지만 성인과 같은 위대한 지혜는 부족하다. 그래서 아무리 부처님과 비슷한 외모를 가졌다고 해도 전륜성왕은 생사고해를 벗어나지 못한 중생일 따름이다.

또 부처님과 비교될 만한 존재로 아라한을 보자면, 부처님에게 견줄 만한 높은 지혜를 갖추었지만 전륜성왕과 같은 세속 복덕이 부족해 현실의 힘은 약하다. 결국 부처님은 복과 지혜를 모두 갖추었지만 아라한과 전륜성왕은 '복과 지혜'를 어느 한쪽만 갖추었기 때문에 그에 따라 세 존재는 구분되는 셈이다.

수보리가 형상으로는 여래를 볼 수 없다고 대답을 정정하자 부처님께서는 그 말을 확인해 주듯 게송을 불러 응답하신다. 이 역시 매우 유명한 《금강경》 게송이다. 모양이나 음성과 같이 눈에 보이고 귀에 들리는 감각적 판단을 통해 진리를 구하면 삿된 도에 떨어지고 참된 도(道, 여래)를 알 수 없다는 가르침이다. 늘 눈에 보이는 것에 따라 분별하고 잘못된 판단을 내리는 중생들이 반드시 기억해야 할 게송이다.

27

무단무멸분 無斷無滅分
(법은 끝나거나 사라지는 것이 아니다)

"수보리야, '여래는 거룩하고 뛰어난 모습을 갖추지 않았기 때문에 가장 높고 바른 깨달음을 얻었다.'라고 만약 생각한다면 그것도 안 된다. 수보리야. 여래가 '뛰어난 상을 두루 갖추지 않았기 때문에 깨달음을 얻었다.'라고 생각한다면 그 또한 안 되느니라.

수보리야, '가장 높고 바른 깨달음을 얻고자 한다면 모든 법을 끊고 없애야 한다(斷滅).'라고 생각한다면 결코 안 되느니라. 왜냐하면 최상의 깨달음(아뇩다라삼보리)을 이루고자 마음을 낸 사람은 결코 법에 대해서 끝나고 사라진다는 단멸상(斷滅相)을 말하지 않기 때문이다."

앞의 26장에서 '거룩하고 뛰어난 32상의 모습을 갖추어야 여래라고 하겠는가?' '아닙니다. 세존이시여.' 거룩하고 뛰어난 모습이나 훌륭한 음성 같은 겉모양을 통해서는 여래를 볼 수 없다고 부처님과 수보리는 이미 정리하고 왔다.

그런데 여기 27장에서 다시 부처님은 정반대의 질문을 한다.

'그렇다면 수보리야, 거룩한 외모를 갖지 않아야 여래라고 하겠는가, 다시 말해 거룩한 모습을 떠나야 여래를 볼 수 있겠는가?'라고 묻는다. 앞에서 거룩한 외모에 집착해서는 부처를 볼 수 없다고 했으니 외모도 이상하고 목소리도 거칠고… 이런 식으로 반대로 보면 부처를 볼 수 있겠는가라는 질문이다.

서로 정반대의 질문이지만 그런 거룩함이 있느냐 없느냐에 집착한다는 점에서 같은 질문이다. 집착하지 않으려고 애쓰는 것도 집착이기 때문이다.

대부분의 사람들은 있다/없다, 좋다/나쁘다, 선하다/악하다… 같은 이분법적인 사고에 길들여져 있다. 그런데 착한 사람도 어느 날 범죄자가 될 수 있고 좋아하는 것들이라도 시간이 지나면 싫어질 수 있기 때문에 좋거나 착하거나 나쁜 것이 고정된 것이 아니다. 시간이 흐르고 조건이 바뀌면 우리의 생각도 대상도 모두 변하기 마련이다.

불교의 핵심 가르침은 '공과 연기법'이라고 여태까지 설명했지만 '중도(中道)' 역시 핵심 가르침이다. 수행자가 궁극적으로 추구하는 것은 중도를 깨닫는 것이다.

중도란 이분법적인 양극단(兩邊)을 버리고 연기법과 인과법에 따라 끊임없이 변화하는 실상을 바로 보는 것이다. 두 극단의 관념을 불교에서는 '상견(常見)과 단견(斷見)'이라고 한다. 상견이란 '항상 있다.'라는 생각이고 단견이란 '아무것도 없다.'라는 생각이다.

부처님은 거룩한 32상, 80종호를 갖춘 분이니 부처님에게는 그런 거룩한 모습이 항상 있다는 점에 집착하면 상견이다. 반대로 외모에 대한 집착을 끊기 위해 부처님은 결코 거룩한 외모나 음성을 갖지 않고 있다고 집착하면 단견이다. 26장은 상견을 경계하는 가르침이고 27장은 단견(단멸론)을 경계하는 가르침이다. 그러므로 상견과 단견을 모두 극복하고 있는 그대로를 볼 줄 아는 것이 중도의 지혜다.

그러면 중도의 입장에서 어떻게 부처님의 모습을 볼까. 그때는 거룩하다/거룩하지 않다라는 이미지를 떠나고, 보이는 모습이나 들리는 음성에 좌우되지 않고 텅 빈 그대로 실상을 관조할 때 비로소 참된 부처님을 보게 된다. '있다.'라는 상견과 '없다.'라는 단견은 모두 양극단의 집착이다.

흔히 공(空)을 잘못 이해하면 단멸론으로 떨어지는 경우가 많다. "죽으면 끝이다. 세상에는 결국 아무것도 없다. 인생무상인데 사는 게 무슨 의미가 있나…." 이런 식으로 허무주의와 무상(無常)을 구분하지 못하고 모든 것을 부정하고 비관하면 단멸론으로 떨어진다.

세상만사의 본질은 텅 빈 공이다. 하지만 비었다고 해서 아무것도 없는 것이 아니다. 현상적으로, 일시적으로, 상대적으로 존재하면서 계속 모습을 바꾸고 끝없이 인연에 따라 변해 가는 것이 존재의 본질이다. 이 사실을 모른 채 자기 눈에 보이면 있고 보이지 않으면 없다는 식으로 생각하면서 매사를 극단적으로 보면 중도를 벗어나 상견과 단견에 떨어진다.

흔히 부처님을 생각할 때도 상견과 단견이 작용한다. 부처님은 늘 특별하고 거룩하며 중생과는 다른 존재라고 생각한다면 그것은 상견이다. 반대로 부처님이라고 무슨 특별한 공덕이 있는 것도 아니고 결국 부처나 중생이나 다 죽으면 끝이고 깨달음도 아무 소용이 없다고 하면 단견이다.

석가모니 부처님은 천백억 화신불이다. 어떤 모습으로 어떤 존재로 이 세상에 등장할지 알 수가 없다. 거룩하든 평범하든 추하든 아름답든 거지든 부자든 천재든 바보든 어떤 고정된 모습이 아니다. 필요한 때 필요한 모습으로 상황에 맞게 수천수만 가지 모습으로 변화해 우리 곁에 등장한다. 그러니 부처님의 진면목을 상견과 단견으로는 결코 알아볼 수 없다. 오직 밝게 깨달은 마음으로만 여래를 볼 수 있다.

그런 까닭에 부처님은 수보리에게 다음과 같이 말씀하고 이 장을 마무리했다.

"수보리야, 그런 생각을 하지 말라. 아뇩다라삼먁삼보리(최상의 바른 깨달음)를 얻고자 하는 자는 법에 대해 단멸상을 말하지 않는다."

사실 대다수 사람들은 공(空)을 아무것도 없다고 생각한다. 하지만 중도를 이해했다면 '없다.'라는 생각도 단멸상임을 알 것이다. 공은 있다/없다는 상견과 단견으로 이해할 수 있는 성질이 아니다. 생명과 우주의 본바탕인 공은 단순히 없는 것이 아니기 때문이다.

티베트 승려 밍규르 린포체는 '공(空)'에 대해 조금 다르게 접근한다. 공을 '없음'으로 보지 않고 '무한한 가능성'으로 보는 그의 해석은 귀 기울여 들어 볼 만한 심오한 뜻이 담겨 있다. 그는(조금 다른 이야기지만 밍규르 린포체는 미국 위스콘신대학의 뇌실험에 참여해 명상 수행이 뇌세포를 바꾼 다는 사실을 입증했다. 오랜 수행을 통해 그의 뇌는 행복감을 높이는 뇌세포가 상상 을 초월하게 많았기 때문에 과학자들이 그를 '지구에서 가장 행복한 사람'이라 불렀 다는 일화가 있다.) "근원은 공(空)이라 했을 때 그것은 사물의 실재가 텅 비어 있다는 의미가 아니라 우리의 감각적 지각 능력이나 개념화 능 력 너머에 실제가 있다는 의미"라고 했다. 그래서 공은 "'텅 빈', 또는 '무'라는 개념보다는 '지각할 수 없는', 또는 '이름 붙일 수 없는'"이라 고 말한다. 다시 말해 공은 "모든 것들은 나타나고 변화하고 사라질 수 있다는 의미에서 '무한한 가능성'"을 뜻한다. … "마음의 본성이 공 이기 때문에 우리는 무한히 다양한 생각과 감정과 기분들을 겪게" 된 다고 설명했다.

밍규르 린포체의 말처럼 공은 아무것도 없는 완전한 허무(虛無)가 아 니다. '텅 빈 충만'이라고 하듯이 비어 있음은 뭐든지 생길 수 있는 바 탕과 같은 것이다. 그래서 공은 텅 비었으나 동시에 무엇이나 생길 수 있는 창조의 근원이다. 그릇이 비어 있기 때문에 언제나 음식을 담을 수 있는 것처럼 말이다.

지금부터 약 2천여 년 전 인도의 승려 용수보살은 "궁극적인 진리는 상대적인 진리의 토대 없이 배울 수가 없다."라고 말했다. 제2의 석가모니 또는 대승불교의 아버지로 불리는 용수의 말을 적용해 우리는 과학적 연구 성과(상대적 진리)를 불법의 진리(궁극적 진리)를 배우는 토대로 삼을 수 있겠다. 공이란 사물이 존재하고 활동하는 바탕이며 배경이다. 공이 없으면 어떤 현상도 일어날 수 없고 반대로 현상이 나타나지 않으면 그 근원인 공을 알 수 없다.

인간은 어떤 시간과 공간의 한계 속에서 변화하고 사라지는 상대적인 세상을 살고 있다. 그 상대적인 세계 가운데서 절대적인 공을 깨우치는 일은 결코 쉽지 않다. 공의 세계는 수행을 통해 체험해야만 알 수 있지 지식이나 이해를 통해 도달할 수 없다고 했다. 그래서 《금강경》을 독송하고 자신을 닦으며 매일 수행을 실천하는 일이 소중한 것이다.

하지만 공을 강조한 나머지 공에 집착하면 공이 도리어 족쇄가 되어 거기에 구속된다. '어디에도 머물지 말라.'라는 무주(無住)의 가르침은 공 사상이 진리라 해도 거기에 머물지 말라는 가르침이다.

그래서 불교에서는 세 가지 공인 아공(我空), 법공(法空), 구공(俱空)을 가르치고 있다. 즉 나는 실체가 없다(我空, 아공), 다른 모든 존재 또한 실체가 없다(法空, 법공), 나와 법이 공함조차 실은 공하다(俱空, 구공).

공하다는 사실조차 또한 공하다는 구공(俱空)의 가르침은 공을 이해하기도 힘든 우리에게 솔직히 어렵다. 좀 더 쉽게 표현하자면 구공이란 공견에 빠지지 않고 공의 실상을 제대로 체득해서 바른 공 사상을 지녀야 한다는 말이다. 나와 만물이 모두 공하지만 공하다는 생각에도 집착하거나 머물지 말아야 한다. 공조차 공함을 잊지 말자. 텅 빈 충만이란 근본 바탕은 공이지만 일상의 현실에는 각자의 임무와 역할게 맞게 열심히 올바르게 살면서 게으르지 말고 부단히 정진하라는 가르침이다.

28

불수·불탐분 不受不貪分
(복을 받지도 않고 탐내지도 않는다)

"수보리야, 만약 보살이 갠지스강의 모래알 수만큼 많은 세계를 칠보로 가득 채우고 이를 널리 보시한다고 하자. 또 어떤 보살이 모든 법에는 '나'라는 것이 없음을 알아 인욕(忍辱)의 지혜를 성취한다면 이 보살은 앞서 수많은 칠보를 보시한 보살보다 훨씬 복덕이 클 것이다. 왜냐하면 수보리야, 모든 보살은 실제로 복덕을 받지 않기 때문이다."

수보리가 부처님께 여쭈었다.

"어찌하여 보살이 복덕을 받지 않습니까?"

"수보리야, 보살은 아무리 큰 복덕을 지었다 해도 그 복덕을 탐내거나 집착하지 않기 때문에 실제로 복덕을 받지 않는다고 말한 것이다."

수보리의 계속되는 질문에 부처님은 대승 보살이 해야 할 수행법을 대답하시면서 금강경의 가르침이 펼쳐졌다. 왜냐하면 대승 보살은 수행자의 표본이기 때문이다.

보살이란 보리살타(보디사트바)의 준말로 '깨달은 중생'으로 해석된다. 보살은 붓다가 될 만큼 높은 깨달음을 이루었지만 중생들과 함께 성불하기 위해 자신의 성불을 뒤로 미루고 중생계에 머물며 중생 제도에 몸을 바치는 수행자들이다. 중생 제도란 미혹하고 어리석은 중생들을 미혹에서 건져서 깨달음의 길로 함께 간다는 말이다.

대승불교에서는 보살도를 가장 중시하는데, 보살도를 닦는 대표적인 실천 수행법이 육바라밀이다. 보살은 여섯 가지 바라밀 즉 '보시, 지계, 인욕, 정진, 선정, 지혜' 바라밀을 닦아야 한다.

보시는 물질과 정신을 베푸는 것이요, 지계는 계율을 잘 지키는 것이요, 인욕은 어떤 어려움도 참고 이기는 것이요, 정진은 오롯이 수행에 몰두함이요, 선정은 심신의 동요가 없이 고요함이요, 지혜는 밝고 투철한 최고의 반야 지혜를 말한다. 이런 육바라밀을 실천함으로써 무명의 이 언덕에서 깨달음의 저 언덕으로 중생들과 함께 건너가는 것이 바라밀 행이다. 보살은 나와 다른 이들이 '일시에 함께 성불하기(自他一時成佛道)'를 이루고자 큰 원력을 지닌 수행자다.

이런 대원력을 이루기 위해 보살은 네 가지 큰 소원(四弘誓願)을 세우는데, 그 첫째가 "중생이 아무리 많아도 모두 제도하겠다."라는 서원이다. 대표적으로 지장보살은 지옥 중생이 모두 구제되기 전에는 결코 내가 먼저 부처가 되지 않겠다고 서원했다.

이 장에서 알아둘 것은 보시는 재가 신도들만이 아니라 보살도, 심지어 부처님도 한다는 것이다. 그런데 참된 보살이라면 갠지스강의 모래알 수만큼이나 많은 칠보로 보시를 했다고 하더라도, 그 보시에 대한 보답을 바라거나 복덕이 생기기를 탐내지 않아야 한다.

다시 말하면 부처와 보살은 스스로 보시한다는 생각이 없는 무주상(無住相) 보시를 행하는 데 그 특징이 있다. 물질적 보시를 아무리 많이 해도 보살이 일체가 다 무아임을 알고 무생법인(無生法忍, 태어남이 없는 근본 이치)을 성취한다면 그 공덕은 물질 보시의 공덕과는 비교가 안 된다. 일체의 법이 무아(無我)임을 깨달아 무아지경에 이르면 자연히 무생법인을 성취하게 된다. 무생법인을 얻는다는 것은 어떤 경계에서도 인욕 정진으로 선정을 이루는 상태를 말한다. 인욕 정진을 보인 대표적인 사례가 부처님이 가리왕으로부터 전생에 몸을 갈기갈기 찢기는 극한 고통에서도 조금도 원망하거나 분노하는 마음이 나지 않았다고 하는 이야기다.

《금강경》을 시작할 때부터 부처님은 수보리에게 계속 당부했던 말씀이 있다. 이것이 금강경의 기본 골자이므로 끝까지 우리는 이 가르침을 잘 기억해야 한다.

"생각을 잘 보호하고 대상에 반응하되 어디에도 마음이 머물지 않아야 한다. 매 순간 새롭게 마음을 내며 일체에 집착하지 말고 상을 갖지 말라."

그리고 앞의 19장에서 수보리에게 말씀하신 내용이 여기서 다시 반복된다. 19장에서는 "수보리야, 만약 복덕이 실제로 있는 것이라면 여래는 복덕이 많다고 말하지 않았을 것이다. 복덕이란 실로 있는 것이 아니기 때문에 여래는 복덕이 많다고 한 것이다."라고 했다. 이 장에서는 보살의 복덕이 많다고 하지 않고 "보살은 복덕을 받지 않는다."라고 했다. 보살은 복덕이 많다고 하든지, 보살은 복덕을 받지 않는다고 하든지 결국 같은 의미다.

대승 보살 수행자는 아무리 선하고 위대한 보시를 했다고 하더라도 그에 대한 보답이나 혜택을 구하지 않는다. 당연히 해야 할 일을 했을 뿐 어떤 보답(복덕)을 기대하거나 계산하지 않는다. 그러므로 보살에겐 복덕이란 따로 있는 것이 아니며 설사 세속적인 의미에서 명예와 부귀 같은 복덕이 온다 해도 보살은 그것을 좋다고 받지 않는다. 왜냐하면 보살에게 그런 세속적 복락은 진정한 복덕이 아니며 보살은 좋다고 받고 싫다고 배척할 분별심을 넘어섰기 때문이다.

범부들은 무언가 보시를 하면 스스로 했다는 상이 생겨서 자랑하고 싶고 은근히 보상(복덕)을 기대한다. 실제로 물질이든 주변의 칭송이든 어떤 보상이 올 수 있다. 그래서 세속의 부귀와 영화를 누리면 복이 많다고 하며 그 재물과 지위와 명예를 대다수의 중생들은 부러워하고 취하려 한다.

그런데 중생들이 기대하는 세속적 복덕이 보살에게는 별 의미가 없다. 왜냐하면 보살이 복덕을 짓는 목적은 자신을 위한 것이 아니라 모든 중생을 이익되게 하기 위함이다. 오직 자비심과 원력으로 선행 공덕을 쌓았기 때문에 재물이나 명예가 쏟아진다고 해도 보살은 조금도 집착이 없다. 이런 의미에서 여기 28장에서 부처님은 보살에게 세속적인 복락이란 없으며 보살은 복덕을 받지 않는다고 말씀하신 것이다.

29

위의적정분 威儀寂靜分
(부처님은 위엄 있고 고요하다)

"수보리야, 만약 어떤 사람이 '여래가 오신다, 가신다, 앉으신다,
누우신다.' 이렇게 말한다면 그는 내가 말한 참뜻을 이해하지 못한
사람이다.

왜냐하면 여래는 온 적도 없고 간 적도 없기 때문에 여래(如來)라고
이름 부르는 것이니라."

여래는 부처님의 여러 가지 이름 가운데 하나다. 현실에서 아무리
가고 오고 앉고 눕고 하셔도 마음에 동요가 없고 늘 평화롭게 무위(無
爲)와 공적(空寂, 텅 빈 고요)에 머물러 계시기 때문에 여래라고 하는 것
이다.

겉보기에는 부처님도 오고 가고 앉고 눕고 하시지만, 그 가운데서

생사를 초월하고 고통과 번뇌에 시달리지 않는 깨달음을 얻은 존재가 부처님이다. 이런 근본적인 의미에서 여래는 오고 감이 없고 나고 죽음이 없이 항상 고요하고 기쁜 열반적정의 경지에 있다.

부처님은 흔히 삼신불(三身佛)이라고 하는데, 법신불(法身佛), 보신불(報身佛), 화신불(化身佛) 세 가지 모습으로 존재한다.

이천 육백여 년 전 인도에서 태어나 깨달음을 이룬 석가모니 부처님은 중생계에 모습을 나타내신 화신불이다. 보신불과 법신불은 육안으로 보이지 않는 부처님인데, 보신불은 지고한 수행 공덕을 쌓은 부처님이며 법신불은 적멸의 경지에서 온 세상을 가득 채우고 있는 진리의 부처님이다.

화신불로 오신 부처님도 중생의 눈에는 오고 가는 듯이 보여도 이미 깨달음에 도달했기 때문에 오고 감이 없다. 법신불이나 보신불은 육안으로 보이지 않는 부처님이기에 당연히 오고 감이 없으며 오직 밝고 고요한 충만과 현존이 있을 뿐이다. 법신불은 우주에 충만한 진리이기 때문에 얻는 것도 잃는 것도 아닌 다만 진리 그 자체다.

이처럼 언제나 번뇌 없이 고요하며 행복한 부처님의 모습이 중생들에게는 이상하게 보일 수도 있다. 앞에서도 잠깐 이야기한 적이 있지만 《잡아함경》에는 중생들이 부처님에 대해 드는 의문을 자세히 담은 이야기가 있다.

부처님께서 탁발을 하고 돌아오는 길에 밭에서 힘들게 일하는 농부를 만났다.

그 농부는 부처님께 이렇게 질문했다.

"우리는 손수 밭 갈고 씨 뿌리고 매일 힘들게 일을 해서 밥을 먹습니다. 부처님은 어찌 손수 일하지 않으시고 밥을 드십니까?"

그러자 부처님은 이렇게 답했다.

"농부여, 우리도 농사를 짓습니다. 마음은 나의 밭이고, 믿음은 나의 씨앗입니다. 지혜는 나의 농기구이고 몸과 입과 생각으로 짓는 악업은 내가 뽑는 잡초입니다. 이런 일을 하는 데 조금도 게으르지 않은 것은 나의 소(牛)입니다. 나도 매일 이렇게 마음의 밭을 갈고 믿음의 씨를 뿌리고 지혜로써 정진의 결실을 맺지요. 이것이 나의 농사입니다."

농부의 눈에 부처님은 무위도식하는 사람으로 보였던 것 같다. 손수 일해서 스스로 먹을 것을 해결하지 않고 매일 탁발로 공짜밥을 먹고 산다고 생각한 것이다. 먹고살기 위해 날마다 열심히 땀 흘리는 중생 입장에서 어쩌면 솔직한 질문이다. 한순간도 방일하지 않는 부처님의 치열한 정진과 해탈의 경지를 모르는 농부로서는 그저 오고 가고, 앉고 눕고 밥 먹는 일상으로만 부처님을 보았던 것이다.

그래서 부처님은 수보리에게 분명히 가르쳤다. 오고 가고, 앉고 눕고 하는 일상의 모습으로 부처님을 판단한다면 여래의 참뜻을 모르는 것이다. 농부에게도 분명히 대답하셨다. 부처님은 놀고먹는 사람이 아니며 늘 마음 밭을 일구고 정진하고 있으며 부처님의 정진과 농부의 농사는 다르지 않다고. 다시 말해 중생의 눈으로 부처님을 분별하고 판단하면 여래를 잘못 보는 어리석음을 저지른다. 여래의 농사는 농부의 일과 겉보기에 다르지만, 억조창생을 고통과 어리석음에서 자유와 해탈로 이끌어주는 고귀한 사명을 다하고 있기 때문에 대단히 큰 농사를 짓고 있음을 알아야 한다.

여기 29장의 소제목은 '위의적정(威儀寂靜)'이다. 부처님께서는 거룩한 위엄을 갖추고 고요한 반야 지혜의 경지에 머무신다는 뜻이다. 농부들처럼 밭에서 땀 흘리며 일해야만 일하는 것이 아니고, 부처님은 고요히 마음의 밭을 일구며 고통받는 중생들을 제도하는 거룩하고 위대한 농사를 짓고 계신다.

30

일합이상분 —合理相分

(합쳐서 하나가 된 이치가 아니다)

"수보리야, 만약 선남자 선여인이 삼천대천 세계를 쪼개고 쪼개어 아주 작은 티끌로 만든다면 과연 그 티끌이 많겠느냐?"

수보리가 대답했다.

"참으로 많습니다, 세존이시여. 왜냐하면 만약 이 티끌들이 실제로 있다면 부처님께서 티끌을 말씀하지 않았을 것입니다. 티끌이 실제로 있지 않기 때문에 티끌이라고 이름 부른 것입니다.

세존이시여, 여래가 말씀하신 삼천대천 세계도 실로 세계라 할 것이 없기 때문에 단지 세계라고 이름 부른 것입니다. 왜냐하면 만약 세계가 실제로 존재한다면 곧 합쳐서 하나가 된 세계의 모습(一合相, 일합상)이 있겠지만 그런 세계가 없기 때문에 여래는 단지 일합상이라고 이름 부른 것입니다."

"수보리야, 이처럼 세계를 합쳐서 하나가 된 일합상으로 말할 수 없는데 범부들은 마치 그런 세계가 있는 듯이 욕심을 내고 거기에 집착한다."

이 장의 제목인 '일합이상(一合理相)' 분은 그 뜻이 쉽게 와닿지 않는다. 일합상(一合相)의 이치를 바로 보자는 것인데 '일합상'이란 말 자체가 어렵다. 그것은 세포나 미립자와 같은 극미한 작은 요소들이 합쳐져 하나의 전체상을 이룬 것을 뜻한다.

사실 물리 세계의 여러 현상은 모두 일합상이다. 세상 모든 것들은 잘게 분쇄하면 눈에 보이지 않는 티끌(微塵, 미진)이 되고 반대로 그 미세한 티끌들이 모이면 눈에 보이는 어떤 물체가 된다.

문풍지에 바늘구멍 하나를 뚫으면 그 틈새로 비친 한 줄기 빛에 의해 방 안에 떠도는 미세한 수많은 먼지를 볼 수 있다. 햇살이 한줄기 비춰야 간신히 눈에 띄는 그 작은 티끌들을 또 수백억 배로 쪼갠 것이 티끌(미진)이다. 그러므로 불교적 의미의 티끌이란 육안으로 볼 수 없는 미시세계의 극소 단위다. 그런 미진들이 합해서 이루어진 일합상이 바로 우리가 사는 현실이요, 우주요, 불교의 삼천대천 세계다.

그러므로 일합상(一合相)이란 육안으로 보이는 모든 물질세계의 모습이다. 생물학적으로 보면 피와 살과 근육과 여러 내장 기관이 모여 하나의 사람이라는 일합상이 생겼다. 불교에서 보면 인간은 한 개의 물질요소(색)와 네 개의 정신요소(수상행식), 즉 오온(五蘊)으로 이루어진 일합상이다. 바퀴와 엔진과 백미러와 의자와 핸들 등 각종 부품이 모여 자동차라는 일합상이 생겼다. 수소분자 두 개와 산소분자 한 개가 결합되어 물(H_2O)이라는 일합상이 나왔고 자잘한 흙 알갱이들이 쌓여 산이라는 일합상이 나왔다. 이렇듯 물질세계는 다 극소 단위의 무수한 티끌들이 모여 이루어진 일합상으로 이루어져 있다.

그 모든 일합상의 총 집합체가 삼천대천 세계다. 이 세계를 다시 부수고 쪼개서 원래의 먼지 상태(극미립자)로 되돌린다면 그 먼지는 과연 얼마나 될까? 아주 많다는 수보리의 대답으로는 거의 부족할 만큼 상상할 수 없는 양이다.

그런데 문제는 그 먼지들이 과연 존재하는가? 불교뿐 아니라 현대 물리학에서도 텅 빈 공이라고 말한다. 현대과학에서는 원자, 전자, 원자핵, 양성자, 중성자, 쿼크 등 더는 쪼갤 수 없는, 우주의 기본 구성원소를 밝히려 노력해 왔다. 그런데 양자역학의 발달로 그 미립자들이 결국 실체가 없는 공이며 물질세계는 아무리 분석해 들어가도 최후에는 공이 되고 만다는 것을 알게 되었다.

결국 최소 단위의 미진이든 최고 단위의 일합상(세계)이든 모두 이름일 뿐, 모두 실체가 없는 것이다. 그 진리를 부처님은 이렇게 말씀하셨다. "티끌은 티끌이 아니요, 그 이름이 티끌이다. 세계는 세계가 아니고 그 이름이 세계다." 다시 말해 티끌이든 일합상이든 본래 공함을 터득해 그것이 이름일 뿐 실체가 아님을 알라는 것이다.

세계를 구성하는 온갖 물질들은 모두 공으로부터 나온다. 그런데 공으로 나온 온갖 티끌들이 모여 만들어진 일합상들의 현실적인 작용력은 대단하다. 예를 들어 미립자의 세계로부터 탄생한 핵폭탄은 엄청난 파괴력을 가진 거대한 살상 무기가 아닌가. 공은 창조와 변화를 통해 대단한 위력으로 보이며 수많은 일합상을 만들어 내는 원천이다.

그러므로 공은 텅 비어 무상하지만 언제나 묘하게 존재하며 작용하고 있기 때문에 진공묘유(眞空妙有)라고 한다. 바탕인 공과 그 작용인 일합상은 색즉시공 공즉시색처럼 진공묘유로서 존재하는 것이다.

여기 30장은 일합상에 대한 범부들의 집착을 경계하고 있다. 범부들은 습관적으로 일합상을 믿고 붙잡으려고 한다. 오온에 대한 집착이 대표적이다. 내 몸, 내 생각, 내 느낌, 내 행동, 내 마음 이런 다섯 가지 오온을 믿고 오온을 '나'라고 여기며 집착한다. 오온은 에고를 구성하는 다섯 가지 요소지만 중생들은 무아의 진리를 아직 깨닫지 못했기 때문에 오온이 나인 줄 알고 거기에 집착하고 번뇌를 일으킨다.

티끌이든 일합상이든 모두 제행무상(諸行無常, 모든 것은 변한다), 제법무아(諸法無我, 본래 나는 없다)로 비추어 보아야 한다. 근원적으로 볼 수 있는 능력이 반야(지혜)다. 반야 지혜는 나고 죽는 생사의 세계에서 공성에 기초해 실상을 볼 줄 아는 눈이다. 지혜의 눈에는 티끌도 일합상도 본래 없다.

현상 세계의 시간과 공간은 상대적이며 절대 기준은 없다. 지구에서 6개월이 달에서는 하루요, 인간의 하루는 하루살이에게는 일생이다. 쌍둥이 중 하나가 머나먼 우주여행을 하고 1년 만에 돌아오면 지구에 남아 있던 다른 쌍둥이는 할아버지가 된다.

이렇듯 세계는 모두 상대적이며 항상 변하는 것이지만 바탕이 되는 진공은 묘유를 낳는 원천이기도 하다. 그러므로 본래 텅 빈 공이지만 현상에서는 묘하게 존재하는 진공묘유의 원리가 삼천대천 세계를 움직이는 근본 이치임을 깨달아야 한다.

31

지견불생분 知見不生分
(안다는 견해를 내지 않는다)

"수보리야, 어떻게 생각하느냐? 만약 어떤 사람이 '부처님은 나라는 견해, 남이라는 견해, 중생이라는 견해, 수명에 대한 견해를 말했다.'라고 말한다면 이 사람은 내가 말한 참뜻을 이해하고 있느냐?"

"아닙니다, 세존이시여. 이 사람은 여래의 참뜻을 이해하지 못했습니다. 왜냐하면 세존께서 말씀하신 나와 남과 중생과 수명에 대한 견해는 실제로 나와 남과 중생과 수명에 대한 견해가 아니고 단지 그 이름이기 때문입니다."

"수보리야, 가장 높고 바른 깨달음(아뇩다라삼먁삼보리)을 얻고자 마음을 낸 사람은 어떤 법에 대해서도 이같이 알고 이같이 믿으며 조금도 법상(法相,진리의 모양)에 집착해서는 안 되느니라.

수보리야, 법상이란 실제로 법상이 아니기 때문에 여래는 법상이라고 이름 부른 것이니라."

　이제《금강경》은 거의 마무리에 접어들고 있다. 이제까지 부처님의
가르침은 아상, 인상, 중생상, 수자상이라는 네 가지 상(四相)의 허구
성을 깨는 데 집중해 왔다. 그래서 모양(형상)으로 여래를 보려거나 소
리로써 여래를 구한다면 그것은 삿된 길을 가는 것이며 끝내 여래를
볼 수 없다고 했다.
　그런데 이 장에서는 네 가지 상(四相)을 넘어 네 가지 견해(四見, 생각)
에 대해 말한다. 상(相)과 견해(見解)는 어떤 생각을 갖는다는 의미에서
그리 다르지 않지만, 견해는 특히 인식(알음알이)의 문제를 지적한다.
다시 말해 아견·인견·중생견·수자견 네 가지 견해(見)의 허구성에
대해 말한다. 스스로 그런 견해를 쫓거나 여래가 그런 견해를 설법했
다고 믿는 것은 여래를 제대로 이해하지 못한 것이다.
　견(見)은 무엇에 대한 견해, 즉 아는 생각을 말한다. 우리가 무엇을
'본다'고 할 때 단순히 눈이라는 감각기관으로 보는 것이 아니라 '바
르게 알아보는' 일이 중요하다. 팔정도(八正道) 가운데 하나인 정견(正
見)은 세상의 본질을 바로 보고 통찰력을 획득하는 것이다.
　선종에서는 도를 깨친 사람을 견성했다(見性, 부처님과 같은 내 안의 근
본 성품을 보았다)라고 말한다. 깨달음은 단순히 아는 것이 아니라 본질
을 꿰뚫어 보는 것이기 때문에 견성 즉 '근본 성품을 보았다.'라고 말

하는데 그것은 결국 '깨달음을 이루었다.'라는 뜻이다.

그런데 이 장의 제목이 말하듯 무언가 깨달았을 때 스스로 '알았다(보았다)는 생각' 즉 지견(知見)을 일으킴이 문제이다. '내가 무엇을 보았다.'라고 할 때 본다는 것은 그저 말이요 이름일 뿐 실제로 볼 수 있는 것은 없다.

그런데 수행 과정에서 무언가 새로운 체험을 하고서 스스로 보았다 또는 알았다는 마음(지견)을 내는 사람들이 많다. 그렇게 스스로 알았다는 마음을 내면 자신이 체험한 작은 성과에 집착하고 마치 대단한 성취를 이룬 듯 거기에 머물기 때문에 진정한 견해 또는 참된 깨달음를 얻기 어렵다.

진정한 앎(깨달음)이란 '내가 보았다.' 또는 '내가 마침내 알았다.' 이런 지견에서도 해탈해야 한다. 그래야 '아뇩다라삼먁삼보리'의 가장 높고 바른 깨달음에 이른다. 이 장에서 강조하는 것은 참된 보리심을 낸 사람은 법(진리)의 모양(法相, 법상)에 집착하지 않고 아견, 인견, 중생견, 수자견의 네 가지 견해를 일으키지 않는다는 것이다.

수행이 무르익어 어느 정도 자신감이 생기면 '진리란 이런 것이다, 부처는 이런 것이다. 깨달음은 이런 것이다. 성인은 이런 것이다 등 등' 어떤 주장을 내세우고 거기에 집착해 스스로 도그마를 만드는 경우가 많다. 그런 것은 다 자기 마음이 만들어 낸 상이며, 알음알이로 생긴 상이고 근본 실상이 아니다.

지혜로운 수보리가 부처님과의 문답을 통해 많은 부분 눈이 열리고 깨달음이 깊어지자 부처님께서는 마지막으로 커다란 경종을 울리셨다. 수보리에게 어떤 진리도 스스로 알았다는 견해를 내지 말라고 하셨다. 그런 지견이 생기면 이미 진리가 아니라는 '불생법상(不生法相)'의 가르침을 주며 이제 《금강경》은 서서히 막을 내리고 있다.

32

응화비진분 應化非眞分
(모습으로 나타내는 교화는 참된 것이 아니다)

"수보리야, 만약 어떤 사람이 한량없는 아승기 세계를 가득 채울 만큼 수많은 칠보를 가지고 보시했다고 하자. 그렇더라도 만약 어떤 선남자 선여인이 보살의 마음을 내어 이 경전을 잘 지키고 네 구절의 게송을 독송하면서 다른 사람들에게 그 뜻을 일러 준다면, 그 복덕은 앞서 거대한 칠보로써 보시한 복덕보다 훨씬 클 것이다.

그러면 사람들에게 금강경의 뜻을 어떻게 일러 주어야 하는가?

어떤 상도 갖지 않고 흔들림 없이 한결같이(如如不動) 해야 한다. 왜냐하면 '일체의 유위법(有爲法)은 꿈이요, 환상이요, 물거품이요, 그림자요, 이슬과 같고 번개와 같으니, 마땅히 흔들림 없이 한결같이 관조(觀照)해야 한다."

부처님께서 이렇게 경전에 대한 설명을 모두 마치시니 장로 수보리와 모든 비구, 비구니, 재가의 남녀 수행자(우바새, 우바이)들과 모든 세계의 천신, 인간, 아수라들이 부처님의 말씀을 듣고 크게 기뻐하며 참으로 믿고 받들어 행했다.

이제 여기 32장을 끝으로 《금강경》은 대단원의 막을 내린다.

1장에 부처님께서 공양을 드신 후 자리를 펴고 앉으신(座) 때로부터 시작해서 32장에 부처님께서 설법을 다 마치자, 모든 대중이 이같이 관조하고(觀) 열심히 수행할 것을 다짐하는 장면으로 마무리되었다. 그래서 금강경은 '앉을 좌(座)'로 시작해 '볼 관(觀)'으로 끝나는 경전이라고도 한다.

앉을 좌(座)는 그냥 몸만 방석에 앉히는 게 아니라 모든 하던 일을 멈추고 마음속의 복잡한 생각이나 근심들을 모두 내려놓고 가만히 쉰다는 뜻이다. 그래서 앉을 좌(座)는 멈출 지(止)와 같다.

볼 관(觀)은 감각기관인 눈으로 보는 것이 아니라 고요하게 멈춘 상태에서 사물의 본성을 마음으로 깊이 바라보는 것이다. 이렇게 지(止)와 관(觀)을 같이 닦는 수행법을 지관쌍운(止觀雙運)이라 하는데, 보조국사 지눌 스님께서 강조하신 정혜쌍수(定慧雙修)와 같고, 남방불교에서 사마따와 위빠사나를 함께 닦는 수행법과 같은 것이다. 다시 말해 지관(止觀)은 고요한 선정(禪定)과 밝은 지혜(智慧)를 함께 닦는 수행법이다.

이런 수행법은 마음이 흐릿하게 가라앉는 혼침(昏沈)이나 산만하게 망상이 일어나는 산란(散亂)을 둘 다 극복하고 맑고 고요한 마음 하나로 실상을 깊이 관조하는 것이다. 오늘날 한국에서 많이 하는 참선(參禪) 수행이며 이천 육백여 년 전 석가모니 부처님께서 보리수나무 아래서 고요히 홀로 앉아 하셨던 수행법이다.

출가한 싯다르타 태자는 고행과 삼매 등 여러 힘든 수행을 시도했지만 깨닫지 못하고 마침내 참선 수행을 통해 아뇩다라삼먁삼보리의 지고한 깨달음에 이르렀다. 《금강경》은 이런 수행을 통해 온갖 분별망상을 극복하고 지혜를 키우는 경전이다.

마지막 32장의 제목은 응화비진(應化非眞)이다. 역시 그 뜻이 어려운 제목이다. 중생을 교화하기 위해 모양이 있는 것으로 출현하는 응신(應身)이나 화신(化身)은 참다운 여래의 법신(法身)이 아니라는 뜻이다. 다시 말해 방편으로 보이는 어떠한 모양과 형상에도 걸리지 않고 모두 벗어나야 참된 진리로서 여래를 본다는 의미다.

사실 중생 교화를 위해 사용하는 어떤 것들도 그것이 경전이든 설법이든 의례든 모두 방편(方便, 수단)일 뿐이다. 비유하자면 달(진리)이 아니라 달을 가리키는 손가락(방편)이다. 달을 이미 본 사람이 달을 아직 못 본 사람을 위해 '저게 달이야.'라고 손가락으로 가리킬 때 정작 달은 안 보고 손가락만 본다면, 이것은 껍데기와 알맹이를 혼동하는 본말전도(本末顚倒)다. 손가락을 보지 말고 달을 보아야 한다.

'응화비진'이라는 제목도 손가락은 달이 아님을 말하는 것이다. 부처님께서 돌아가실 때 평생 그렇게 많은 설법을 하시고도 한마디도 설한 바가 없다고 한 것과 같은 말이다. 부처님의 수많은 설법이나 그 것을 기록한 팔만대장경은 손가락일 뿐이다. 수행을 통해 스스로 깨달음을 이루어야 한다. 그것이 달을 보는 길이다. 손가락을 달로 착각하지 말자.

부처님은 지금까지 누누이 했던 가르침을 마지막 장에서 다시 한 번 상기시켰다. 아무리 값비싼 수많은 질보로써 세상에 보시한나 해도 그것은 함이 있는 유위법이며 꿈이요 환상이기 때문에 무위법을 가리키는 《금강경》을 공부하고 그 사구게 하나라도 주변에 전하는 것만 못하다는 말씀이다.

진정한 불법은 말로 할 수 없고 글로 쓸 수 없다. 선가에서는 개구즉착(開口卽錯)! '입을 열면 곧 어긋난다.'라는 이런 어려운 말을 써서 불법이란 말이나 글로 전할 수 없으며 말길이 끊어진 곳에서 오직 마음과 마음으로만 전할 수 있다고 했다.

선종에서는 비슷한 뜻으로 언어도단(言語道斷), 이심전심(以心傳心), 불립문자(不立文字), 염화미소(拈花微笑) 등의 한자 표현을 쓴다. 부처님께서 영산회상에서 꽃을 들어 보이셨을 때 오직 가섭존자만이 그 의미를 알고 미소를 지었다는 염화(시중의) 미소도 그런 뜻이다. 진리는 글이나 말로써 배우거나 얻어지는 것이 아니라 스스로 실천 수행을 통해 터득해야 하는 체득(體得) 사상이며 오직 마음으로만 통하는 것이다.

같은 의미로 불교는 자력(自力) 신앙이다. 불교에서 '자등명 법등명 (自燈明 法燈明, 자신의 등불을 밝히고 진리의 등불에 의지한다)'을 강조하는 이유도 타력신앙이 아니기 때문이다. 위대한 부처님이나 자비로운 보살님들에게 무조건 의지하지 않는다. 타 종교처럼 절대신 같은 어떤 전지전능한 힘이 구원해 주리라 믿고 기다리지 않는다. 불교 수행은 자기 안에 부처님과 똑같은 불성이 있음을 분명히 믿고 자기 본성(自性)에 의지해 스스로 진리를 찾아가는 길이다. 자력 신앙은 다른 종교와 다른 불교 사상의 중요한 특징이다.

그럼에도 법(진리)을 전하기 위해서는 입을 열어야 하고 글과 말을 써야 하며 달을 가리키는 손가락을 활용해야 한다. 그래서 《금강경》에서는 즉비(卽非) 논리로써 역설적으로 가르쳤다. 우리도 금강경 사구게를 독송하며 다른 사람들에게 그 뜻을 알려 주기 위해서는 입을 열어야 한다. 달을 가리키기 위해 손가락을 활용해야 한다. 그러면 어떻게 입을 열고 어떻게 가리킬 것인가.

여기 마지막 게송처럼 인연화합으로 이루어진 모든 유위법의 세계는 환상이다. 이 점을 분명히 관(觀)하면서 흔들림 없이 여여부동(如如不動)하게 전해야 한다.

"일체의 유위법은 꿈이요, 환상이요, 물거품이요, 그림자요 이슬과 같고 번개와 같으니 마땅히 이렇게 관조(觀照)해야 한다."

《금강경》의 결론 같은 유명한 게송이다.

유위법(有爲法)은 인연의 작용에 따라 끊임없이 생기고 사라지는 세상의 변화 원리다. 오온과 육진(六塵. 색성향미촉법)으로 움직이는 세상의 원리다. 몸과 마음과 생각이 일으키는 온갖 유위(有爲)의 세계는 해탈과 열반을 뜻하는 무위(無爲)의 세계 반대편에 있다. 유위법은 끊임없이 변하는 무상(無常)의 세계요, 의도와 욕망과 갈등을 일으키는 작위(作爲)의 세계이며, 탐진치(貪瞋痴)라는 삼독(三毒)으로 움직이는 범부의 세계다.

그래서 유위법의 세계는 실체가 없는 꿈이요 환영이요, 물거품이요 그림자요, 이슬이요 번개와 같다고 했다. 연기법에 따라 상대적으로 일시적으로 존재하는 환상이다. 우리가 집착하고 욕망하며 성취하려는 모든 것들이 유위법의 허망한 꿈임을 알고 텅 빈 공의 실상을 깨달아야 한다.

잠자면서 꿈을 꿀 때 우리는 꿈인 줄 모른다. 꿈은 꿈 안에서는 너무나 생생하고 절실하지만 꿈을 깨면 아무것도 없다. 허망하다. 그런데 자면서 꾸는 꿈만 꿈이 아니고 우리가 살고 있는 이 현상 세계도 역시 꿈임을 알아야 한다.

만약 우리가 과거에 겪었던 어떤 심각한 고통에 지금도 시달리고 있다고 가정해 보자. 과거는 이미 흘러가서 없고 내 기억에만 있을 뿐이다. 그런데도 이미 사라진 과거를 기억에서 꺼내 마치 실제인 양 계속 고통스러워한다면 허깨비를 보고 실제라고 여기는 것이다. 그러니 꿈을 꾸는 것과 무엇이 다른가.

그러므로 내 느낌, 내 생각, 내 행동, 내 마음 등등이 실제로 있다고 믿고 집착하는 것은 매우 어리석다. 지금 느끼는 경계는 단지 지금 오온의 반영일 뿐이다. 조건이 바뀌면 그 마음이나 생각이나 느낌들은 언제 어떻게 변하고 사라질지 모르는 환영이고 물거품이다.

그래서 《금강경》은 우리에게 모든 상을 버리고 꿈을 깨라고 가르친다. 하지만 세상이 공(空)이라고 해서 정말 아무것도 없는 것일까. 결코 허무가 아니다. 없으면서 있는 그 오묘한 진공묘유(眞空妙有)의 이치를 체득해야 한다.

《반야심경》은 '마하' 반야바라밀이고 《금강경》은 '금강' 반야바라밀이다. 마하는 거대함이고 금강은 어떤 것도 범접할 수 없는 강인함이다. 마하 지혜든, 금강 지혜든 모두 반야 지혜로 인도하는 바라밀경이다. 내 마음의 어리석음과 미혹을 벗어나야 반야(지혜)의 세계로 건너간다. 중생은 고해의 땅 이쪽 언덕에서 해탈과 열반의 땅 저쪽 언덕으로 건너가야 한다. 아무런 걸림이 없고 자유자재한 부처의 길은 번뇌와 무명(無明)의 강을 건너서 저쪽 언덕에 도달할 때 보이는 길이다.

《금강경》, 금강석처럼 빛나는 반야 지혜의 길

1. 석가모니 부처님과 불교

석가모니 부처님은 지금부터 약 2600여 년 전, 인도 북부 네팔 지역의 작은 나라 카필라국의 룸비니 동산에서 태어났다. 아버지 정반왕은 태자의 이름을 '싯다르타'라고 지었는데, 모든 것을 이룬다는 뜻이다. 독일 문학의 거장 헤르만 헤세는 1922년에 석가모니 부처님의 어린 시절과 깨달음을 그린 소설 《싯다르타》를 써서 불교에 대한 깊은 관심을 보였다.

싯다르타 태자는 태어나자 동서남북 사방으로 일곱 걸음을 걸으며 "천상천하 유아독존(天上天下 唯我獨尊)"이라고 말했다고 한다. 이 말은 불교 신자가 아니어도 누구나 한 번쯤 들어 봤을 것이다. 갓 태어난 아기가 어찌 걷고 말할 수 있냐고 반문할 수도 있다. 그래서 다소 신화적으로 들리지만 중요한 것은 사실 여부가 아니라 그 말이 담고 있는 의미와 상징이다.

흔히 '천상천하 유아독존'은 들어 봤지만 이어서 '삼계개고 아당안지(三界皆苦 我當安之)'까지 말한 것은 잘 모른다.

'천상천하 유아독존 삼계개고 아당안지.' 이 말은 "하늘 위와 하늘 아래, 다시 말해 온 우주에서 오직 내가 가장 존귀하다. 세상에 있는 모든 괴로움을 내가 마땅히 다 편안하게 하겠다."라는 뜻이다.

가끔 '유아독존'이라는 말만 떼어내 아주 이기적이고 자기중심적인 사람을 비판하는 말로 쓰이는데, 그런 오해 때문에 불교를 알지도 못하면서 비난부터 하는 사람이 되면 곤란하다. '유아독존'에서 '나'란 싯다르타 개인을 말하기도 하지만 이 세상 모든 존재의 존귀함을 말한다. 누구나 본래 지니고 있는 존귀한 본성인 '참나'를 뜻하는 것이다. 이 말은 세상의 모든 고통과 괴로움을 누구나 지니고 있는 참나의 힘으로 해결해서 온 세상을 평안하게 하겠다는 자비로운 맹서와 원력이다.

불교에서는 삶을 고해(苦海)로 표현하기 때문에 불교를 매우 비관적인 종교라고 말하는 사람도 있다. 하지만 부처님은 태어나자마자 이렇게 선언했다. 고통의 바다를 벗어나 누구나 해탈과 안락을 누릴 수 있다. 이고득락(離苦得樂)! 모든 인류를 고통에서 행복으로 이끌겠다는 희망과 긍정의 메시지이다.

싯다르타 태자는 생로병사와 같은 삶의 궁극 문제를 해결하기 위해 화려하고 안락한 왕실을 버리고 고독한 수행자가 되었다. 마침내 붓다가야에서 35세의 나이에 가장 높고 바른 위대한 깨달음(아뇩다라삼먁삼보리)를 이루어 붓다가 되었고 그때부터 석가모니불로 불리게 된다. 붓다는 '깨달은 자'라는 뜻이다.

석가모니 부처님은 깨달음을 이룬 후 처음에 자신이 깨달은 바를 대중들에게 전하기 위해 화엄학을 설법했다. 하지만 불교의 요의경(了義經, 마무리하는 결론 같은 경전)이라 할 최고 수준의 화엄학을 알아듣는 사람이 아무도 없었다. 그래서 차례차례 수준별로 다시 접근했는데, 초등부 수준으로 아함부를, 중등부로 방등부를, 고등부로 반야부를 설하고, 그다음 대학 수준으로 법화부를, 대학원 수준으로 화엄부를 설법했다(아함부→방등부→반야부→법화부→화엄부).

그러므로 불교에 처음 입문하면서 《반야심경》이나 《법화경》 같은 높은 수준의 반야부 경전을 접하면 이해하기 힘들어서 대부분은 불교를 매우 난해하다고 말한다.

우리가 읽었던 《금강경》도 고등부 자격인 반야부 육백 경전 가운데 하나다. 그래서 자세한 해설을 덧붙여 읽는다고 해도, 불교 초심자들에게 결코 이해하기 쉽지 않은 경전이다.

하지만 아무리 어려운 내용이라 해도 그 핵심은 알고 보면 매우 간단하다. 해인사 장경각을 가득 채운 그 방대한 《팔만대장경》을 한마디로 줄이면 '마음(心)'이라고 한다. 유불선에 능통하셨던 탄허 스님은

"우주의 본체는 마음이다."라고 집약했다. 그것은 일체유심조(一切唯心造, 우주의 만물은 오직 마음이 만든다)와 같은 말이다.

부연하자면 불교는 업과 윤회설에 기초하고 있다. 업(業, karma)이란 '만든다, 짓는다.'라는 뜻으로 여러 생을 통해 만들어져 습관이 된 생각과 행동을 말한다. 업은 행동으로만 짓는 것이 아니라 생각으로도 짓기 때문에 한 생각이 떠오를 때마다 우리는 업을 짓고 산다. '오만가지' 생각을 한다고 하듯이 온갖 잡다한 생각이 한순간도 머리에서 떠나지 않는 인간들은 늘 업을 짓고 사는 셈이다. 나쁜 생각이나 나쁜 행동만 업(惡業)이 아니라 착한 행동이나 착한 생각도 모두 업(善業)이다. 수없이 살고 죽고 살고 죽고를 반복하며 우리는 다겁생(多劫生) 동안 수많은 선업과 악업들을 쌓았다. 이렇게 쌓이고 쌓인 업연으로 인해 중생들은 생사의 윤회를 수없이 반복한다. 끝없이 굴러가는 윤회의 수레바퀴를 벗어나려면 반드시 수행을 해야 한다.

2. 불교 경전의 성립과 부처님의 제자들

1) 불교의 역사와 경전 결집

석가모니 부처님이 열반에 드신 지 얼마 후(BC. 6세기경) 남은 제자들은 부처님의 가르침을 정리하고 기록해야 할 필요성을 느꼈다. 당시에는 전통적으로 성현의 가르침을 구술과 암송에 따라 계승하고 있었다. 하지만 저마다 기억나는 대로 말하면서 그것이 마치 부처님의 원래 설법인 양 주장하고 다툴 우려가 있었기 때문에 정확하게 기록해 후세에 전하자는 뜻으로 경전 작업을 시작했다.

부처님의 십 대 제자들 가운데 나이가 많았던 사리불과 목건련은 부처님보다 먼저 세상을 떠났기 때문에 그다음 상수제자(上首弟子, 우두머리 또는 연장자) 마하가섭이 경전 결집을 주도했다. 가섭은 아라한과를 이룬 오백 명의 장로를 마가다국 왕사성 부근의 칠엽굴로 소집했다.

1차 결집에서는 경,율,론(삼장) 가운데 경(經)과 율(律)이 정리되었다. 부처님을 가장 가까이에서 모시고 돌아가실 때까지 시중을 들었던 아난존자는 뛰어난 기억력과 총명함으로 부처님의 설법을 다시 암송했다. 아난존자의 암송을 듣고 전원 찬성하는 과정을 거쳐 경장(經藏)이 편찬되었다. 또 계를 잘 지키기로 소문난 우바리존자가 부처님이 가르치신 계율을 암송하면 전원이 통과시켜 율장(律藏)이 성립되었다.

하지만 1차 결집 후 100여 년 지나자(BC. 5세기경), 계율에 대한 해석을 놓고 원칙파와 현실파 사이에 분열이 생겨 다시 2차 경전 결집이 시작되었다. 이때까지를 원시불교 시대라고 본다.

그 뒤에도 승가는 계속 분열이 일어나 보수적인 상좌부와 진보적인 대중부로 나뉘고 다시 논란이 일자 부처님 사후 이백 년쯤 뒤에 3차 결집(BC. 3세기경)이 있었다. 이렇게 세 차례에 걸친 경전 결집 작업을 통해 불교 사상의 기본인 삼장(경장, 율장, 논장)이 완성되었다. 경장과 율장은 1차 경전 결집 과정에서 이루어졌고 한참 뒤에 주석에 해당하는 논장(論藏)이 추가된 것이다.

하지만 부처님 사후 불법에 대한 서로 다른 주장과 해석이 거세게 일어나 이십여 개의 부파가 난립하게 된다. 부파 불교 시대가 열린 것이다. 이때에 기득권 세력은 문자와 자구를 중심으로 한 불교 해석에 주로 매달렸고 불교는 점점 대중과 멀어지고 말았다.

결국 부파 불교의 보수적 학문적 경향에 반발해 대중적인 세속불교가 일어났다. 특히 남인도에서는 용수보살을 중심으로 대승 사상이 일어나 젊은 사문들이 여기에 주로 참여하면서 대승불교가 성립했다.

원시불교나 부파 불교 시대에는 오직 석가모니 부처님의 가르침만 추종하려 했으나 대승불교 시대에는 수행자 스스로 부처임을 강조했고 모두가 부처라는 사상을 퍼뜨렸다. 그러면서 재가 불자들이 중심이 되어 불교 본래의 정신으로 돌아가자는 대승불교 운동이 일어났다. 대승(大乘)이란 많은 사람을 태우고 함께 가는 큰 수레라는 뜻이다. 대중불교 시대에 걸맞게 승가에서도 대승불교를 추구했고, 개인 중심의 수행을 중시하는 기존의 불교를 혼자 타고 가는 작은 수레에 비유해 소승(小乘)이라 불렀다. 대승불교는 나와 남을 함께 위하는 자리이타(自利利他)의 정신에 기초해 있다. 개인의 성불 이전에 고통받는 중생을 먼저 구제하는 보살(보디사트바=깨달은 중생) 사상을 강조했고 '보살도'라는 새로운 수행의 길을 정립했다.

2) 부처님의 십 대 제자

성인들의 거룩한 가르침을 따르고 배우는 제자들은 어느 종파에나 있었다. 공자님에게는 칠십여 명의 뛰어난 제자들이 있었고, 예수님에게도 열두 명의 제자가 있었으며, 석가모니 부처님을 따르는 수많은 제자가 있었다. 《금강경》이 시작될 때 법회장을 가득 메운 천이백오십 명의 뛰어난 비구들은 모두 부처님의 제자들이다. 그중 특별히 손꼽히는 제자 열 명이 있는데 경주 석굴암에 이들 십 대 제자 조각상이 있다.

① 사리불: 당시에 외도(外道)로 취급받던 산자야 밑에서 수행하다가 목건련과 더불어 이백오십여 명의 자기 제자들을 데리고 나와서 석가모니 부처님께 귀의했다. 사리불은 부처님을 대신해 설법할 만큼 부처님의 신임을 받았고 통찰력과 지혜가 으뜸이었기 때문에 지혜 제일로 불린다. 경전에서 부처의 설법 상대로서 자주 등장하는데 《반야심경》에 나오는 사리자가 바로 사리불이다.

② 목건련: 목련존자로 불리는데 돌아가신 어머니가 지옥에서 극심한 고통을 받고 있음을 알고 안거(安居)를 마친 스님들께 지극한 공양을 올려 어머니를 지옥의 고통에서 구했다는 일화가 전해 온다. 목

련존자의 어머니 이야기에 바탕해 오늘날 사찰의 중요한 천도 의식인 백중 행사가 생겼다. 목련존자는 시방세계를 날아다닌다고 할 만큼 신통력이 뛰어난 제자였기 때문에 신통 제일로 불린다. 사리불과 목건련은 부처님보다 먼저 세상을 떠났기 때문에 그다음 서열인 마하가섭이 부처님 사후 교단을 이끌고 경전을 결집하는 일에 책임을 맡았다.

③ 가섭: 대가섭·마하가섭이라고 하는데 매우 부유한 귀족 집안 출신이지만 항상 청빈하고 계율을 잘 지키며 가난하고 욕심 없는 수행자의 모습을 보여줘 두타(頭陀) 제일로 불렸다. 부처님이 영산회상(靈山會上, 영축산에서 부처님이 《법화경》을 설법하던 자리)에서 꽃을 들어 보이셨을 때 유일하게 알아듣고 미소로서 화답했다. 그래서 마음과 마음이 통한다는 뜻으로 '염화시중(拈華示衆)의 미소'라는 말이 생겼다. 부처님 사후 승단을 이끄는 맏형으로서 경전 결집에 주도적인 역할을 맡았다.

④ 수보리: 기원정사를 지은 급고독 장자의 조카로 기원정사에서 부처님의 제자가 되었다. 《금강경》에서 모든 대중을 대표해 부처님께 질의응답을 벌이며 공(空)의 원리를 풀어내는 대화자로 등장한다. 공을 가장 잘 이해한 제자라 해서 해공(解空) 제일로 불리는데 수보리에 대한 이야기는 다시 자세히 다루겠다.

⑤ 부루나: 부루나의 아버지는 부처님의 아버지인 정반왕의 스승이었

다. 부처님과 부루나는 나이가 같았는데 싯다르타 태자가 성불했다는 소식을 듣고 친구들과 함께 찾아가 귀의했다. 깨달음을 이룬 후 각지를 돌아다니며 중생 교화에 전념했는데, 대중들이 알아듣기 쉽게 법문을 너무나 잘했기 때문에 설법 제일로 불린다.

⑥ 가전연: 마하가전연이라고 한다. 웃제니라는 작은 나라의 왕이 석가모니 부처님을 모시기 위해 기원정사에 사신을 일곱 명 파견했는데, 가전연도 그 사신 중 한 명이었다. 가전연은 부처님을 보자마자 감동해서 즉시 출가해 제자가 되었고 귀국 후 자기 나라의 왕과 많은 신하를 불교에 귀의하게 이끌었다. 불교 교의에 대해 논리적으로 토론하는 능력이 뛰어나 논의 제일로 불린다.

⑦ 아나율: 아누룻다로 불리며 아난존자와 형제 관계였다. 처음 승가에 들어와서는 잠이 많아 늘 부처님 설법 때 졸다가 꾸중을 많이 듣곤 했다. 그 뒤 잠자지 않기 위해 굳은 결심을 하고 밤낮없이 용맹정진을 하다가 끝내 눈이 멀었다. 비록 육안은 잃었지만 마음의 눈으로 삼천대천 세계를 다 보았기 때문에 천안(天眼) 제일로 불린다.

⑧ 우바리: 당시에는 신분이 낮은 이발사 출신이었지만 교단의 규율에 정통하고 계율을 잘 지키기로 유명해 지계(持戒) 제일로 불린다. 경전 1차 결집에서 계율에 관한 부처님의 가르침을 모두 기억하고 암송해서 율장을 만드는 데 큰 역할을 했다.

⑨ 라훌라: 부처님이 출가하기 전 왕궁에 계실 때 낳은 아들이다. 라훌

라는 장애라는 뜻인데 자식이 부처님의 출가에 큰 장애가 되었다는 뜻이리라. 크면서 왕실을 버리고 아버지를 따라 출가자의 길을 택했지만, 처음에는 숲속 생활에 적응하지 못해서 말썽을 많이 부려 부처님께 혼나는 일이 많았다. 하지만 점점 수행자의 자세를 스스로 가다듬고 승가의 원칙을 남모르게 잘 실천했다 하여 밀행(密行) 제일로 불린다.

⑩ 아난: 부처님의 속가 사촌 동생이다. 부처님이 깨달음을 이룬 날 아난이 태어났으며 출가 이후 부처님 돌아가시기 전까지 줄곧 부처님을 그림자처럼 따르면서 받들어 모셨다. 부처님의 설법을 가까이에서 가장 많이 들었고 탁월한 기억력과 총명함으로 설법을 모두 기억해 부처님 사후 경전 결집 때 지대한 공헌을 했다. 모든 불교 경전은 "이같이 나는 들었다(如是我聞, 여시아문)."라는 구절로 시작하는데 여기서 '나'는 대부분 아난존자다. 아난은 제자들 가운데 부처님 설법을 가장 많이 들었다 해서 다문(多聞) 제일이다. 또 여성의 계급이나 사회적 지위가 매우 낮았던 고대사회에 여성의 출가를 부처님께 건의해서 수락을 얻어 낸 업적으로도 유명하다.

3) 반야부 경전과 《금강경》

석가모니 부처님의 교육 방법을 대기설법(對機說法, 대상의 성향이나 능력에 맞게 달리 가르침)이라 한다. 설법을 듣는 대상에게 맞도록 다양한 수준별 교육을 했다는 말이다. 도를 깨우친 이후 처음 대중 설법을 시작할 때는 불교의 최고 수준인 화엄부를 꺼냈지만 아무도 그 내용을 이해하지 못했다. 그래서 방법을 바꾸어 수준별 단계별로 다시 시도했는데, 아함부→방등부→반야부→법화부→화엄부의 순서로 불교 사상의 깊이를 점점 더해 가는 방식으로 설법했다.

그중 가장 높은 수준인 반야부/법화부/화엄부를 대승불교의 주요 경전으로 묶는데, 일반 불자들에게 반야부 이상의 경전들은 사실 상당히 이해하기 어렵다. 원래 대승불교의 수준 높은 경전들은 일반 스님이나 재가자들을 위해서 쓰인 것이 아니라고 한다. 아라한, 대보살, 신통이 열린 재가자 등 불교 수행이 상당 수준 이루어진 분들에게 경전에 대한 집착을 버리고 완전한 해탈을 이루도록 하기 위해 쓰인 것이라고 한다.

반야부 경전은 기원전 백 년경에서 기원후 천이백여 년에 이르기까지 오랜 기간에 걸쳐 서서히 완성되었다. 오랜 역사를 거치며 내용이 첨삭되었고 여러 주석(해설)이 붙었고 여러 학자들이 손질을 가해서 대승 경전 가운데 가장 방대한 규모를 갖게 되었다. 당나라 현장법사가 인도에서 가져와 한문으로 번역한 《대반야바라밀다경》이 대표적인 반야부 경전인데 육백여 권에 달한다. 다른 분들의 번역까지 합하면 반야부는 팔백여 권에 이르는데 경전이 많으니 역사상 주석서(해설서)도 엄청나게 많이 나왔다.

《금강경》은 반야부 경전 가운데 577권째 경전이다. 반야부 중 하나일 뿐이지만 《금강경》은 어느 경전보다 역사상 많은 관심을 받아 왔기 때문에 그동안 팔백여 명의 학자들이 해설을 덧붙여 가장 많은 주석서를 낳은 경전이 되었다.

우리나라의 《금강경》 주석서는 신라 때 원효의 《금강반야경소(金剛般若經疏)》가 있었으나 지금은 전해지지 않고, 조선 초기 함허 득통이 쓴 《금강경 오가해설의(五家解說誼)》가 가장 잘 알려져 있다.

부처님 입멸 후 불교 교단은 형이상학적이고 보수적인 분위기에서 많은 부파가 각자의 주장과 해석으로 거세게 분열되었다. 이런 혼란한 분위기를 극복하기 위해서 대승불교가 등장했고 《금강경》 역시 대승 보살도에 입각해 탄생한 경전이다.

오랜 역사와 여러 시대를 거쳐 오면서 《금강경》은 대승불교 수행자들에게 가장 중요한 경전이 되었다. 화엄종의 《화엄경》, 정토종의 《무량수경》처럼 각 종파마다 각자 근본으로 삼는 경전(所依經典, 소의경전)이 있는데, 우리나라 조계종은 《금강경》을 《육조단경》과 더불어 소의경전으로 삼고 있다.

4. 《금강경》 해설

1) 《금강경》의 구성

《금강경》의 한역 번역본은 여러 종류가 있지만 오늘날까지 구마라집 번역이 가장 많이 읽히고 통용되고 있다. 이 책에 소개된 《금강경》도 구마라집 번역본인데, 전체 32분(分, 이 책에서는 32장)으로 나뉘었고 각 분마다 소제목이 달려 있다.

그러나 《금강경》이 인도에서 들어와 처음 한자로 번역될 때는 이런 구분 없이 죽 이어진 한 편의 글이었다고 한다. 나중에 양나라 무제의 아들 소명태자가 작은 단락으로 나누고 소제목을 달아 지금과 같은 구성이 되었다. 소명태자는 양 무제의 장남으로 31세로 요절해 짧은 생을 살다가 갔지만, 능력이 아주 비범했다고 한다. 17세에 이미 양나라 고승들이나 귀족 친인척들을 모아 놓고 법문을 설했고 문답을 주고받을 만큼 불교에 대한 이해가 높았고 학문에 조예가 깊었다.

유교 경전이 장과 절로 나뉘어 있듯이 불경도 서분(序分)·정종분(正宗分)·유통분(流通分) 세 단락으로 나눌 수 있다. 서론 본론 결론에 해당하는데, 이 책의 1장, 2장은 서분으로 경전이 설해진 연유나 배경 등을 기록한 것이다. 3장부터 31장까지는 정종분으로 부처님의 가르침을 기록한 본론이다. 마지막 32장은 유통분으로 법문을 듣고 깨달은 사부대중(四部大衆, 비구 비구니와 재가 신도 우바새(남) 우바이(여))이 기뻐하며 다시 수행의 자세를 가다듬는 결론 부분이다.

2) 《금강경》의 번역

당나라 현장법사는 인도에 가서 불교 경전들을 가져오기 위해 멀고
도 험준한 히말라야 산맥을 죽음을 각오하고 넘었다. 위험하고 가파
른 설산을 오르고 무더위에 작열하는 사막을 건너서 온갖 고초를 겪
으며 생명을 걸고 수많은 불교 경전들을 중국으로 가져왔다. 그 가운
데 《금강경》도 포함되어 있었다.

당시 중국에는 불교가 막 융성하기 시작하여 수많은 구법승들이 그
험난한 인도 여행을 마다않고 몸소 가서 산스크리트어 불경들을 등
에 짊어지고 와서 번역하곤 했다. 우리나라 신라의 혜초 스님도 당시
인도에 가서 직접 경험한 내용을 《왕오천축국전》이라는 귀한 책으로
남겼다. 혜초 스님 외에도 여러 신라 승려들이 불교를 배우고자 직접
인도로 떠났고 험난한 여정으로 대다수가 돌아오지 못했다고 한다.

불교에 대한 구법 열기가 고조되는 가운데 산스크리트어 불경들을
한문으로 번역하는 작업도 매우 활발해 《금강경》도 많은 사람에 의해
번역되었다. 그중 현장(663년), 구마라집(402년), 보리우지(509년) 세 스
님의 번역본이 가장 많이 읽히고 있다.

《금강경》원본은 인도에서 기원전 1세기에서 기원후 1세기 사이에
쓰였다고 알려져 있는데 우리나라에는 삼국시대 불교 전래기에 들어

온 것으로 본다. 고려 때 보조국사 지눌은 불법을 배우고자 하는 모든 이들에게 반드시 《금강경》을 읽도록 했기 때문에, 그 이후로 우리나라에 《금강경》이 널리 유통되었다.

우리나라에서는 구마라집 번역본을 주로 읽는다. 구마라집은 인도 승려로서 중국에 들어와 수많은 불경을 한문으로 번역해 중국 전역에 불법을 확산시키는 데 크게 공헌한 인물이다. 인도에서 재상의 아들로 태어난 구마라집은 열두 살에 이미 도를 깨닫고 서른 살이 넘어 중국에 왔다. 많은 인도 경전들을 한문으로 번역해 중국의 4대 역경가(譯經家) 중 한 사람으로 꼽힌다. 당시 중국은 남북조 시대로 분열되어 있었는데, 불교에 대한 인기가 높아지자 구마라집 같은 수준 높은 학자를 앞다투어 모시려고 서로 경쟁해 전쟁을 불사할 정도였다고 한다.

우리나라에 소개된 《금강경》은 조선 시대에 한글 창제 이후 《언해본 금강경》이 있었다고는 하나 전하지 않고 있다. 근대에 들어와 만들어진 《한글본 금강경》이 남아 있는데, 용성 스님이 우리나라에서 처음 한글로 번역한 것이다. 용성 스님은 3·1 운동 당시 만해 한용운과 함께 민족 대표 33인으로 참가하며 독립을 위해 헌신한 인물이다. 또한 한문 불경을 한글화하고 식민지 시대에 낙후된 불교를 근대화하는 데도 열성을 다한 분이다.

3) 수보리는 누구?

《금강경》에서 수보리는 수행과 깨달음에 관해 부처님과 대화를 나누는 주인공이다. 수보리에 대한 역사적 기록은 별로 없지만, 《증일아함경》에 나온 수보리에 대한 약간의 기록이 있다.

수보리는 수마나 장자의 아들로 부처님 당시 강대국이었던 코살라국의 수도 사위성에서 가장 부유하고 유명한 집안에서 태어났다. 수보리는 또 수닷다 장자의 조카인데, 수닷다 장자는 부처님의 십 대 재가 제자 중 한 사람으로 부처님이 살아 계실 때 가장 오래 머무르신 기원정사를 지었던 인물로 유명하다.

기원정사는 원래 나무가 많이 우거지고 아름다운 기타태자의 땅이었는데, 거기에 급고독(수닷다) 장자가 공경하는 부처님의 수행처를 만들고자 했다. 땅을 팔기 싫었던 기타태자는 그 넓은 땅을 모두 금화로 깔면 사찰 건립을 허락하겠다고 했다. 이에 수닷다 장자는 모두 금화를 깔아 주고 결국 기타태자의 승락을 받아 내 기원정사를 건립했다는 일화가 전해진다.

그래서 기원정사를 기수급고독원이라고 부르는데 기타태자의 나무(기수)와 급고독(수닷다) 장자의 부와 정성으로 지어진 수행원이라는 뜻이다. 부처님은 살아 계실때 이곳에서 가장 오래 머물면서 많은 설법을 했는데, 《금강경》도 또한 기원정사에서 설해진 법문을 기록한 것이다.

그런데 수닷다 장자는 당시 굉장한 갑부였지만 부처님을 알기 전에는 매우 인색했다고 한다. 그래서 수보리는 큰아버지에 대한 불만이 많았고, 부처님의 제자가 되기 전에는 화를 잘 내고 동네 불량배들과 어울려 다니며 곳곳에서 골치를 썩이는 문제아였다. 기원정사가 완성되고 마침내 부처님이 설법을 시작하자, 수보리는 부처님을 의심하며 깨달았다고 허풍을 친다고 비난하며 귀의하는 마음을 전혀 갖지 않았다.

그런데 어느 날 부처님의 십 대 제자 중 설법을 잘하기로 손꼽히는 부루나 존자의 설법을 듣고 그의 겸허한 탁발 모습에 큰 충격과 감동을 받는다. 그리고 수많은 사람을 죽이고 그 손가락으로 목걸이를 만들어 걸고 다니던 희대의 살인마 앙굴리마라를 부처님께서 손 하나까딱 안 하고 설법으로 굴복시키는 현장을 목격했다. 그 후 수보리는 마침내 포악한 성미를 버리고 불도에 귀의하여 부처님의 훌륭한 제자가 되었다.

수보리가 태어날 때 집 안의 모든 상자나 가구나 그릇 등이 다 텅 비어 있었다고 한다. 심지어 어머니가 쓰던 물그릇에 담긴 물조차 증발해 버려 텅 빈 그릇이 되었다고 한다. 그래서 어릴 때 이름을 '텅 비었다'라는 뜻으로 '순야다(空生)'라고 지어 불렀다.

대승불교가 주류인 북방불교에서는 수보리를 부처님의 제자들 가운데 '공(空)의 이치를 가장 잘 이해했다.'라는 뜻으로 '해공 제일(解空第

一)'이라 한다. 어릴 때 이름이 공생(空生)이었다는 점도 주목된다.《금강경》은 공 사상을 대표하는 경전이라고 평가받는데《금강경》의 주인공 수보리가 해공 제일이니 아주 잘 어울린다.

반면에 남방불교에서 중시하는 초기 경전 중 하나인《증일아함경》에는 수보리를 '다툼 없이 평화로운 자들 가운데 으뜸'이라는 의미로 '무쟁 제일(無諍第一)'이라 한다. 또 '공양받을 만한 자들 가운데 으뜸'이라는 의미로 '피공 제일(被供第一)'이라고도 한다.

부처님의 제자가 된 이후 수보리는 화내는 마음을 극복해서 탁발할 때도 늘 자애로운 모습으로 다녔다. 그래서 수보리의 수행법을 자애선이라고 부르기도 하며 그가 얼마나 열심히 탁발을 했는지 탁발 제일이라는 말을 듣기도 했다.

중국의 유명한 고전 소설《서유기》에는 수보리가 손오공의 스승으로 나온다. 불로불사(不老不死)를 찾아 십여 년간 인간 세상을 떠돌던 원숭이에게 수보리가 손오공이라는 이름을 지어 주고 제자로 맞아 여러 비술을 알려 주는 역할을 한다. 불교와 사뭇 다른 느낌의 소설이지만 오공(悟空)은 '공을 깨닫는다.'라는 뜻이기 때문에 수보리를 등장시킨 것이 아닐까 짐작한다.

4) 육조 혜능의《금강경구결(金剛經口訣)》

《금강경》은 여러 시대에 걸쳐 주목받는 불교 경전이기 때문에 해설서(주석서)도 많이 편찬되었다. 앞서 말했듯이 우리나라에서 유명한 금강경 해설서는 《금강경 오가해설의》인데, 조선 시대에 함허 득통이 《금강경 오가해》의 주요 부분을 풀이해서 1417년에 간행한 것이다.

《금강경 오가해》는 구마라집의 《금강경》에 대한 여러 주석서 가운데 유명한 다섯 개를 묶어서 엮은 책으로, 당나라 종밀의 《찬요》, 양나라 부대사의 《찬》, 당나라 혜능의 《구결》, 송나라 야보의 《송》, 송나라 종경의 《제강》을 모아서 함께 묶은 책이다. 함허 득통은 이들 다섯 개 주석서 가운데 어려운 부분에 해석을 덧붙였는데, 그 중 가장 많이 알려진 육조 혜능 스님의 《금강경구결》만 잠깐 소개하겠다.

'구결(口訣)'이란 어려운 한문을 이해하기 쉽고 독송하기 쉽게 토를 다는 것으로 현토(懸吐)와 같은 뜻이다. 한문은 우리말과 어순이 다르고 글자가 어렵기 때문에 구절과 구절 사이에 구결(토씨)을 달아서 보다 쉽고 정확하게 읽고자 했다. 구결은 경서의 정확한 이해와 직결되기 때문에 조선 시대에는 학자들을 모아 놓고 경전에 구결을 다는 토론회가 열릴 정도로 중시되었다.

그러나 육조 혜능의 《금강경구결》은 그냥 토만 달아 놓은 것이 아니고 일종의 《금강경》 해설서다. 중국 선종의 초조(初祖)인 달마대사로부터 육 대 법통을 이어받았기 때문에 육조(六祖)라 불리는 혜능은 당나라 때 남종선(南宗禪) 창시자로 중국 선불교의 핵심 인물이다. 육조 혜능 선사의 법문을 기록한 《육조단경》은 《금강경》과 더불어 오늘날 우리나라 소계종의 소의경전(교과서)이다. 부처님의 말씀을 기록한 책에만 경(經)이라고 하는데, 혜능의 가르침을 담은 《육조단경》은 경전의 지위를 부여받은 것이다.

혜능은 출가하기 전에 일자무식한 가난한 나무꾼이었다. 어느 날 우연히 주문받은 나무를 배달하러 갔다가 한 선비가 읽는 《금강경》 한 구절을 듣고 그 자리에서 깨치게 된 일화로 아주 유명하다. 혜능은 자신이 《금강경구결》을 지은 이유를 이렇게 밝히고 있다.

"사람들이 밖에서 부처를 찾고 밖으로 경전을 구하면서 내면의 마음을 내지 않고 내면의 경전을 지니지 않기 때문에 그것을 우려하여… 각자 마음속에 경전을 지니고 누구나 스스로에게 청정한 부처님 마음(佛性)이 있음을 믿고 그 불가사의함을 분명히 보게 하기 위하여… 지난 세월 지혜가 없는 사람들은 《금강경》을 많이 독송해도 그 뜻을 알지 못해서 배우는 이들의 의심을 끊어 주기 위하여….."

글자도 모르는 미천한 나무꾼으로 살다가 어느 날 문득 《금강경》 한 구절을 듣고 스스로 깨달았듯이 혜능 스님은 모든 중생들이 밖으로 진리를 구하지 말고 자기 내면의 불성을 찾을 수 있도록 돕고자 《금강경구결》을 펴냈다는 말이다.

혜능은 《금강경》의 핵심을 다음과 같이 정리했다.

"금강경은 무상(無相)을 종지(宗旨)로 삼고, 무주(無住)를 체(體)로 삼으며, 묘유(妙有)를 용(用)으로 삼는다."

무상(無相), 무주(無住), 묘유(妙有) 그리고 종지(宗旨), 체(體), 용(用). 모두 이해하기 쉽지 않은 한자어다. 이 말들의 뜻을 잠시 살펴보자.

세상의 모든 것들은 어떤 정해진 모습(相, 상)이 따로 있지 않고 시시각각 계속 변하고 달라진다. 그런데 사람들은 어떤 상(相)을 가지고 세상을 편견과 고정관념으로 바라보기 때문에 늘 문제가 생긴다. 세상만사는 고정된 상이 없음이 무상(無相)이며 무상을 깨달음이 《금강경》에서 가장 중요한 종지(宗旨, 근본 요지)다.

또 중생은 스스로 상을 만들 뿐 아니라 그 상(생각)에 집착하고 매달리는 경향까지 있다. 한 생각도 어딘가에 머물러 있거나 집착하지 말아야 한다. 혜능이 깨달음을 얻었던 구절 '응무소주 이생기심(應無所住 而生其心)'은 바로 무주(無住)의 가르침이다. 그 뜻은 '마땅히 어디에도 마음이 머무는 바 없이 계속 새롭게 마음을 내라.'라는 것인데, 무주(無住)를 금강경의 몸통(體, 바탕)으로 삼은 혜능의 뜻을 알 수 있다.

그런데 몸통은 가만히 있지 않고 늘 작용하고 움직인다. 가만히 방치하기 위해 몸통을 내버려 두지 않는다. 그래서 무주(無住)라는 체(몸통)를 바탕으로 묘유(妙有)라는 '작용(用)'의 세계가 일어난다. 모든 존재는 항상 변하고 달라지기 때문에 본래 텅 비었지만, 그렇다고 아무것도 없는 것은 아니다. 찰나마다 끊임없이 변하는 것들이 있어서(妙

有. 묘유) 연기법에 따라 상대적으로 일시적으로 존재하며 서로 작용하고 있다. 그래서 근본은 비었지만 현상에서는 온갖 일들이 벌어지며 굴러간다.

만물은 본래 텅 빈 공(空)이다. 공은 우주의 근본 원리다. 하지만 없다고 아예 없는 것이 아니라 묘하게 있다. '본래 없지만 묘하게 있는 이치'를 진공묘유(眞空妙有)라고 한다. 묘유(妙有)의 원리로 인해 우리는 일상에서 관계를 맺고 사회를 유지한다. 비었지만 묘하게 있는 것들을 사용하면서 우리는 삶을 영위해 가는 것이다.

5. 《금강경》의 의의

오늘날 불교는 어떤 종교보다도 방대하고 체계적인 《팔만대장경》이라는 인류의 유산을 보유하고 있다. 그 방대한 불경 가운데 《금강경》만큼 인류에게 큰 영향을 끼친 경전도 없을 것이다.

오랜 세월 너무나 많은 사람이 이 경전을 연구하고 암송하고 수행하며 도를 이루었다. 하지만 금강경은 결코 이해하기 쉬운 경전이 아니기 때문에 역사적으로 많은 주석서가 있었고 오늘날까지 동서양 학자들이 깊이 연구하는 종교 철학서가 되었다.

어떤 학자는 "금강경은 종교적 색채를 갖지 않으면서 모든 종교를 다 포함하고 있기 때문에 위대하다."라고 평한 적이 있다. 모든 종교를 포함한다는 말은 불교라는 특정 종교에 국한하지 않고 인류 보편의 진리를 담았다는 말이다. 비록 석가모니 부처님과 제자 수보리의 대화로 전개되지만, 불교 교리를 전파하는 목적보다는 보편적 진리와 그것을 깨닫는 근본 이치를 다루고 있다는 말이다.

《금강경》에서 보여 준 부처님의 교육법도 독특하다. 그런 설법은 이분법을 당연하게 여기면서 살아가는 사람들에게 이해하기 쉽지는 않다. 바르게 말해도 옳지 않고 바르지 않게 말해도 옳지 않다. 옳다고 말해도 옳지 않고 옳지 않다고 말해도 역시 옳지 않다. 선악 시비 장단 미추 같은 이분법의 세계에서 어느 한 극단으로 정답을 고정하는 어리석음을 경계한다. 중도의 눈으로 실상을 보아야 한다는 불교의 핵심 가르침이다.

그러므로 부처님은 "법도 버려야 할 것을, 하물며 법 아닌 것이랴…."라고 말하며 법이든 법 아닌 것이든 집착하지 말라고 했다. 부처님의 법이 위대하다고 끝까지 움켜쥐면 무모하고 어리석다. 어떤 법이나 경전이나 뗏목과 같아서 쓸모를 다하면 버리고 가야 한다.

그래서 선가(禪家)에서는 사교입선(捨敎入禪)을 추구한다. 경전을 배우고 나면 문자적인 가르침은 뗏목과 같으니 미련 없이 버리고 참선(參禪) 수행으로 나아가 바로 실천하라는 뜻이다.

'경전은 부처님의 말씀이고, 참선은 부처님의 마음'이라고 한다.

부처님의 말씀은 부치님의 마음을 전하기 위한 방편이다. 방편을 목적으로 보면 강을 건넜는데도 뗏목을 지고 가는 꼴이다. 참선은 내 마음을 깨닫는 실천 수행이다. 《금강경》 자체는 글로 된 경전이지만 그 내용은 실천 수행을 요구한다. 경전은 실천을 위한 뗏목에 불과하다.

《금강경》은 부처님 말대로 '법도 아니고 법 아닌 것도 아니다.' 그래서 《금강경》을 읽는 내내 우리는 헷갈린다. 우리는 옳다/그르다, 맞다/틀리다, 좋다/싫다 같은 이분법적 사고에 익숙하고 그렇게 교육을 받아 왔기 때문이다. 《금강경》은 우리 생각이 이분법적 고정관념을 벗어나 말로 전할 수 없는 살아 있는 깨달음을 체득하도록 가르친다. 그러니 말에 익숙하고 말에 걸리는 중생으로서는 《금강경》의 '말을 넘어서는 말'들을 이해하기 매우 어렵다.

《금강경》의 본래 이름은 《금강반야바라밀경》이다. 금강석같이 예리하고 단단하고 빛나는 지혜(반야)로써 번뇌와 고통을 싹둑 끊어내고 해탈의 길로 가도록 이끄는 경전이다.

반야는 '깨달은 지혜'로서 깊은 통찰력을 갖춘 완성된 지혜다. 반야의 눈을 혜안이라고 하는데 혜안이 열리면 모든 것을 벗어나면서 동시에 모든 것을 아우르는 중도를 이룰 수 있고, 생사 해탈의 경지에 이르게 된다. 이러한 부처의 깨달음이 곧 반야바라밀이며 영원한 자유의 길이다.

《금강경》의 핵심은 '공(空) 사상과 보살도'라 하겠다. 《금강경》 어디에도 '공'이라는 단어는 없다. 부처님은 단지 "과거의 마음도 얻을 수 없고 현재의 마음도 얻을 수 없으며 미래의 마음도 얻을 수 없다."라고 했다. 또 "모양이나 음성으로 나를 구하는 자는 삿된 길로 가는 것이니 여래를 볼 수 없다."라고 했다. 이런 가르침 가운데 우리는 공을 찾아내고 금강경의 바탕이 공 사상임을 알게 되었다.

또 대승 경전으로서 올바른 보살행을 강조한다. 금강경은 처음부터 끝까지 내내 보시를 강조하는데, 특히 《금강경》 사구게를 독송하면서 주변 사람들에게 들려주고 함께 나누는 법 보시의 공덕이 얼마나 큰지 거듭거듭 강조하고 있다. 인류의 위대한 스승이신 석가모니 부처님이 닦았던 그 많은 전생의 공덕도 《금강경》의 가르침을 이웃과 나누는 법보시의 공덕과는 비교할 수 없다고 했다. 그만큼 진리(법)를 이웃과 나누는 보살의 실천행이 중요하다는 말이다.

한자로 경(經)은 '길'이다. 불교에서 경은 성불로 가는 길이다. 만약 경을 입으로만 독송하면서 마음으로 새기고 실천하지 않는다면 성불의 길은 닦을 수 없다. 마음속에 길을 내지 않으면 열반으로 가는 바라밀의 길은 열리지 않는다.